EL DISCÍPULO
RELACIONAL

*Cómo Dios usa la comunidad para
formar a los discípulos de Jesús*

JOEL COMISKEY

www.joelcomiskeygroup.com

Copyright © 2011 por Joel Comiskey
Publicado por CCS Publishing

23890 Brittlebush Circle
Moreno Valley, CA
www.joelcomiskeygroup.com
1-888-511-9995

Diseño por Josh Talbot
Interior por Sarah Comiskey

Todos los derechos reservados en todo el mundo. Ninguna parte de esta publicación puede ser duplicada o transmitida en forma alguna o por medio alguno, electrónico o mecánico, incluyendo fotocopias, grabaciones o cualquier otro sistema de almacenamiento de información, sin el permiso por escrito de CCS Publishing.

Todas las citas bíblicas, a menos que se indique lo contrario, son de la Santa Biblia, Nueva Versión Internacional, Copyright © 1973, 1978, 1984 por Sociedades Bíblicas Internacional. Usados con permiso.

Catalogo del libro The Relational Disciple en ingles es lo siguiente:

Publisher's Cataloging-in-Publication

(Provided by Quality Books, Inc.)

Comiskey, Joel, 1956-
    The relational disciple : how God uses community to
    shape followers of Jesus / Joel Comiskey.
      p. cm.
    Includes bibliographical references and index.
    LCCN 2009900120
    ISBN-13: 978-0-9790679-9-0
    ISBN-10: 0-9790679-9-5
      (*El discípulo relacional* en español ISBN 978-1-935789-24-6)
    1. Fellowship--Religious aspects--Christianity.
    2. Interpersonal relations--Religious aspects--
    Christianity. 3. Spiritual formation. I. Title.
    BV4517.5.C66 2009   248.4
                      QBI09-600178

Elogios de *El discípulo relacional*

"Joel Comiskey no solamente nos ha mostrado la necesidad de tener discípulos relacionales en nuestra cultura de aislamiento, sino que nos instruye ahora acerca de cómo llegar a serlo. Este libro, en otras palabras, provee tanto del porqué como del cómo. Descubrirá cómo practicar los "unos a otros" de las Escrituras en su vida diaria, cómo tener éxito con aquellos que le rodean, y cómo la comunidad del grupo pequeño le transformará a usted y a aquellos sin Cristo. Recomiendo entusiastamente este libro."

— **RANDY FRAZEE** Ministro Principal de Oak Hills Church, autor de libros mejor vendidos que tratan el tema de la comunidad

"El discípulo Relacional" resalta la verdad radical que la formación del cristiano ocurre primariamente en el contexto de la comunidad relacional. Los cambios que transforman vidas ocurren cuando "conocemos" a otros y nos dejamos "conocer" por otros. Los grupos de conversación por internet, el uso de textos electrónicos y de correo electrónico nos permiten comunicarnos hoy en día en una selectiva anonimidad. Como nos recuerda el anuncio publicitario de Southwest Airlines: "Ud. no puede enviar un apretón de manos por facsímile, o por correos un abrazo, o tener una reunión familiar por correo electrónico." Aunque impresiones pueden ocurrir en la distancia, el impacto solamente ocurre en algún grado de proximidad. Este libro desafía al ampliamente divulgado individualismo en la cultura occidental: la identidad de un verdadero discípulo de Jesucristo no se crea en aislamiento o a la distancia. La experiencia de vida en Jesús esta revestida de "familia" para que podamos ser fructíferos. Lo que quiere decir que para pertenecer primariamente nos sentimos amados y aceptados. Por lo tanto lea y entienda cómo llegar a ser lo que Dios se propuso al crearnos como hermanos y hermanas quienes en unidad relejan al Hijo, y al Padre, y el Espíritu de Jesús en su mundo hoy.

— **JULIE GORMAN** Profesor de la material: Christian Formation and Discipleship. Fuller Theological Seminary, Pasadena, California

Elogios de *El discípulo relacional*

El discípulo relacional es una excelente ayuda para los creyentes, grupos de líderes como asimismo para el equipo pastoral. Aprecio muy en especial la transparencia de Joel al compartir apropiadas ilustraciones basadas en sus propios descubrimientos tomados de su peregrinaje personal. El Dr. Comiskey claramente presenta el caso por "no dejando de reunirse, como algunos tienen por costumbre " de forma persuasiva e inspiradora. Su estilo de escritura es ágil, sus ilustraciones agradables y sus argumentos son poderosos. ¡Y todo en un libro que es lo suficientemente breve como para alentar a quienes comúnmente no leen! Deseo recomendarlo a cada líder de iglesia que ha esperado por tener una manera adecuada de promover un evangelismo efectivo para su iglesia. Realmente es verdad que pertenecer precede al creer. Al seguir las enseñanzas de Comiskey, iglesias completas – tanto grandes como pequeñas – pueden convertirse en sitios más hospitalarios donde las almas puedan recibir confort y crecimiento. Gracias Dr. Comiskey por el sacrificio que llevó escribirlo y compartirlo.

— **CARL GEORGE** consultor y autor de muchos libros incluyendo, *Nine Keys to Effective Small Group Leadership*.

"Joel ha realizado un trabajo brillante explicando el camino de retorno del aislamiento e individualismo basado en el mercado de consumo que se ve en la iglesia de Estados Unidos hoy en día. Cada capítulo provee magníficas ideas tanto para los grupos pequeños como los individuos que deseen volverse discípulos de Cristo intensamente relacionales."

— **RANDALL NEIGHBOUR** autor de *The Naked Truth about Small Group Ministry* y president de TOUCH Outreach Ministries, Houston, Texas.

Elogios de *El discípulo relacional*

"Si usted desea obtener un vistazo de los cambios que son necesarios para que la iglesia en este siglo, entonces este es un libro esencial para Ud. Joel Comiskey integra una buena teología bíblica y una práctica centrada en Cristo con sensibilidad por la teología histórica y la resistencia cultural del occidente. Este es un libro práctico y accesible para quienes deseen reorientar a la iglesia hacia los patrones tanto del primer siglo como futuros para el formar discípulos relacionales.

La iglesia contemporánea es llamada a arrepentirse de modelos ministeriales inadecuados y ser transformados por la plenamente natural esencia y actividad de Dios en Jesucristo, por el poder del Espíritu Santo, en la realidad de la vida humana cotidiana. Es una breve pero importante lectura para todos los líderes de iglesias."

— **THE REV. DR. GARETH ICENOGLE** pastor principal, Westside Presbyterian Church, Ridgewood, New Jersey

"El discípulo relacional" es un importante libro para hoy. Trata explícitamente con el individualismo sigilosamente deslizado en la cultura en general como asimismo en la iglesia, describe y valoriza a la importancia de las relaciones, cómo somos discipulados y cambiamos en el proceso de las relaciones. Para continuar describiendo cómo este proceso de relaciones es asimismo la manera como hacemos misiones en el contexto mundial.

Creo que este libro es realmente importante. Gracias a la crisis financiera que nos afecta nos hemos dado cuenta de la desventaja del individualismo y de personas que actúan sin darse cuenta del impacto o contexto relacional. Este libro nos inspirará a ser parte de una comunidad y a construir comunidad y ser transformado al mismo tiempo.

— **LAURENCE SINGLEHURST** Director de Cell UK, conferencista mundial y autor de muchos libros.

TABLA DE CONTENIDO

Reconocimientos	11
Introduccion	13
La anonimidad en la iglesia	14
El estilo del Maestro	16
Mi propio peregrinaje	18
SECCIÓN I: VER AL DISCIPULADO DESDE UNA PERSPECTIVA DIFERENTE PERSPECTIVE	**21**
Capítulo 1: Amoldado al patrón del individualismo	23
El mundo occidental: una cultura de individualismo	25
El individualismo y los demás	28
La iglesia refleja a la sociedad	34
Volver al discipulado relacional	36
Capítulo 2: Transformados por la Trinidad	39
¿Qué es la Trinidad?	41
La Trinidad y la comunidad	43
La Trinidad operando en nosotros	47

Tabla de Contenido

Capítulo 3: Transformados por los pasajes "unos a otros"	**49**
Concentrarse en los demás	51
Rendición de cuentas	61
Interdependencia	65
Vigilancia	76
Capacitación divina	82
Capítulo 4: Transformados por el conflicto	**83**
No huya	84
Tener suficiente interés como para confrontar	86
Perdonar a quienes le ofenden	89
Reedificar la confianza	95
Perdonar y perdonado	97

SECCION II: LA PRÁCTICA DEL DISCIPULADO RELACIONAL — 99

Capítulo 5: La práctica del discipulado relacional dentro del círculo íntimo	**101**
Quienes están cerca suyo	103
Prioridades	105
Su cónyuge	106
Familia	107
Amigos	116
Capítulo 6: La práctica del discipulado relacional en un círculo orgánico	**119**
Pequeño como para poder cuidarse unos a otros	122
Lo que ocurre en una micro-iglesia	124
Libertad para compartir	126
Aprender de los metodistas	128
Todos necesitan de una familia	131
La conexión entre lo micro y lo macro	133
Rendición de cuentas	135

Tabla de Contenido

Capítulo 7: La práctica del discipulado relacional en el
círculo de la misión 139
   Lecciones de San Patricio de Irlanda 140
   Alcanzar a otros en grupo 144
   Un compartir transparente 147
   Desarrollar relaciones interpersonales 149
   Pensamientos finales 151

**Apéndice 1: Entrenar a las personas para ser
discípulos relacionales** 155

Recursos de Joel Comiskey 159
Notas 165
Índice 169

RECONOCIMIENTOS

Si bien soy el autor de este libro, he recibido gran ayuda para llevarlo a cabo. En el largo proceso de hacer que este libro llegue a ser una realidad, muchas manos y ojos contribuyeron a finalizarlo. Varias personas merecen un especial reconocimiento.

Tengo una especial gratitud por Brian McLemore, Vice Presidente de Traducciones de World Bible Translation Center (www.wbtc.org), quien nuevamente contribuyó con su crítica, y como resultado este es un mejor libro.

Anne White ofreció su consejo experto y asimismo criticó minuciosamente este manuscrito, aún editando las notas por errores y equivocaciones. Sus observaciones fueron increíblemente valiosas para obtener el final borrador de este libro.

Jay Stanwood nuevamente ha compartido conmigo su consejo basado en el sentido común y cómo parafrasear frases oscuras. Me desafió a re-pensar conceptos con mayor claridad. Rae Holt también tomó su precioso tiempo para leer el manuscrito, señalar frases difíciles, y especialmente me alentó en el proceso.

Mis buenos amigos y miembros del equipo, Rob Campbell y Steve Cordle, ambos me alentaron y desafiaron en mi trabajo. Realmente aprecio el tiempo que les tomó repasar este libro.

John y Mary Reith, como siempre, ofrecieron su aliento y perspicaces observaciones. Oliver Lutz me aportaron sugerencias valiosas. Gareth Hogg me ofreció numerosas sugerencias y comentarios al manuscrito, por lo cual estoy muy agradecido.

Aprecio la destreza de Susan Osborn para editar la final edición del libro.

Scott Boren, mi editor en jefe, continúa hacienda un increíble trabajo de edición. Hemos trabajado junto en veinte de mis veintitrés libros.

Además estoy agradecido a Dios por mi maravillosa esposa, Celyce, por su atento oído y sólido consejo que me dio a lo largo del proceso de escribir este libro.

INTRODUCCIÓN

Me quedé atónito cuando comprendí las implicaciones... Un autor cristiano popular afirmaba que los "cristianos espirituales" iniciarían sus propias "iglesias personalizadas," compuestas sólo de un individuo cada una. De esa manera redefinía la palabra iglesia como un individuo observando un programa cristiano, asistiendo a un concierto, o educando en su casa a sus hijos. Este autor decía que muchos cristianos espirituales abandonarían las Iglesias para poder mantenerse espirituales. Y al justificar esta tendencia estaba creando una nueva categoría: la iglesia individualizada. *Esta es la personificación misma del individualismo,* pensé para mí mismo. *Perfecto para una cultura occidental individualista.*

Aunque este autor estaba promoviendo el individualismo por aquellos que se alejaban de la iglesia formal, muchos pastores e Iglesias promueven el individualismo en aquellos que están asistiendo a la iglesia formal.

LA ANONIMIDAD EN LA IGLESIA

Hace algunos años atrás asistí a una mega-iglesia famosa en los Estados Unidos. Me senté para el servicio, no conocía a nadie a mi alrededor y cuando salí seguí sin conocerles. Pero esto era lo interesante: se suponía que no debiera conocer a nadie. Lo atractivo de esta iglesia en particular es su anonimidad y la carencia de "requisitos". No hay ningún requisito de membresía ni había relaciones donde rendir cuentas. Al estar en el atrio vi que se destacaban apenas un puñado de grupos pequeños.

Este tipo de Iglesias anónimas e individuales es una creciente experiencia común a lo largo del mundo occidental.

Crecí inicialmente cuando era un nuevo creyente en este tipo de ambiente de iglesia. Muchas personas, como yo, se reunían en masas para escuchar la predicación dominical. El pastor era un predicador dotado y aunque las personas podían escucharles en múltiples estaciones radiales, aún así venían al evento de la predicación.

Y así, sin embargo, el discipulado para los oyentes dependía totalmente de lo que cada uno personalmente podía aplicar de la predicación dominical. La mayoría de quienes asistían no eran discipulados personalmente. Cierto era que se iniciaron algunos grupos de discipulado como un resultado natural de la necesidad, pero la iglesia no tenía un plan proactivo para que ese discipulado ocurriera. Dios me concedió la gracia de aplicar las enseñanzas y seguir a Jesús. Muchos no tuvieron tal oportunidad y abandonaron la iglesia.

Las estadísticas actuales nos muestran que un alarmante número de "oyentes" están abandonando la iglesia. Estudio tras estudio afirman la realidad que los "oyentes" de la Palabra en el contexto de grandes masas se comportan como aquellos que no escuchan para nada.

Las estadísticas actuales nos muestran que un alarmante número de "oyentes" están abandonando la iglesia.

David Olson, uno de los mejores investigadores de la iglesia en Norte América, en su libro: *The American Church in Crisis* (La iglesia americana en crisis), explica en detalle el éxodo masivo que está ocurriendo en la iglesia de hoy en día. Creo que esto se debe particularmente al estilo individualista de discipulado que simplemente no funciona para hacer discípulos. Podremos estar ganando batallas ocasionales, pero en general estamos perdiendo la guerra.

EL ESTILO DEL MAESTRO

La Biblia nunca menciona este estilo individualista de discipulado. Jesús, nuestro ejemplo, discipuló a doce viviendo con ellos por tres años. Dio el modelo de discipulado viviendo, andando y comiendo con ellos. En vez de hacerlo en el contexto de grupos grandes les enseñó por medio de parábolas y lecciones aplicadas de la vida cotidiana.

Jesús no les enseñó simplemente acerca de la oración. Más bien, les pidió que le acompañasen a orar consigo. Les permitió que lo viesen orar. Y finalmente cuando los discípulos le preguntaron lo que estaba haciendo, entonces tomó la oportunidad de enseñarles acerca de la oración (Lucas 11:1-4). Lo mismo se aplicó al evangelismo. Jesús evangelizaba en presencia de sus discípulos y luego les instruía. Tomó ventaja de situaciones de la vida real para cuidadosamente explicarles temas doctrinales (ej., el joven rico en Mateo 19:23-26).

Cristo sabía que la información teórica separada de la experiencia práctica tendría muy poco valor permanente. Jesucristo sabía que el conocimiento separado de la experiencia no tendría un valor duradero. Cada vez que los discípulos terminaban un recorrido misionero se reunían con Jesús para discutir lo que había ocurrido. Los apóstoles se reunían alrededor de él y le informaban lo que habían hecho y enseñado (Marcos 6:30). En otra ocasión los discípulos informaron a Jesús: "Señor, aun los demonios se nos sujetan en tu nombre." (Lucas 10:17). Jesús aprovechó la oportunidad para instruirles y ofrecerles algunas enseñanzas adicionales: "Pero no os regocijéis de que los espíritus se os sujetan, sino regocijaos de que vuestros nombres están escritos en los cielos." (Lucas 10:20). Constantemente el Señor supervisaba las experiencias de sus discípulos ofreciéndoles comentarios adicionales (Marcos 9:17-29; 6:30-44).

La iglesia del primer siglo siguió el mismo ejemplo. Aplicaron las enseñanzas de los apóstoles de casa en casa y en los patios del templo. Se reunieron públicamente todo lo que fue posible pero cuando vino la persecución que se los impidió, siguieron reuniéndose de casa en casa (Hechos 2:42-46).

El Nuevo Testamento fue escrito a comunidades donde el discipulado ocurría por medio de las relaciones interpersonales. El individualismo occidental estuvo completamente ausente en la vida de la iglesia del primer siglo.

MI PROPIO PEREGRINAJE

Nací y crecí en una cultura occidental individualista. Aunque pasé once años de mi vida en Ecuador, sigo siendo un hijo del Occidente, y debo admitir que estoy condicionado culturalmente a una manera particular de pensar. Abracé a Jesús en esta cultura y he venido caminando en su compañía por treinta y seis años.

Durante casi toda mi vida adulta me he orientado a ser un misionero. Cuando entré al instituto bíblico en 1978, tenía a las misiones en mente, por lo que tome cursos en el ministerio transcultural. Luego en el seminario, tanto en Nueva York como en Pasadena, la cultura eran los temas que me importaban realmente. Siendo un misionero por once años en el Ecuador trataba de ser sensible a las diferencias entre mis cultura Occidental y la Latinoamericana.

Luego me gradué de mi doctorado en estudios interculturales. Uno de los estudios de la tutoría para el programa de doctorado se refirió a la cultura latinoamericana. Interiormente me resistía a hacer este trabajo porque estaba convencido que ya la había estudiado más que suficientemente. Sin embargo, este estudio cambió mi vida. Me proveyó de un nuevo aprecio y comprensión de la cultura latina.

Al regresar del Ecuador en el 2001 y como "misionero" para Norteamérica, nuevamente me dediqué a ser un estudiante de la cultura. El estudio de la cultura ha sido el centro alrededor del cual se ha desarrollado mi vida y ministerio.

Sin embargo, al escribir este libro me di cuenta de un sutil peligro en mi pensamiento acerca de la cultura. El peligro consiste en exaltar la cultura a un lugar al que no pertenece. Confieso que tengo esta tendencia. Me descubro pensando: "ésa es simplemente la manera en que son" o "así es cómo somos nosotros." Tengo la tendencia a creer en la mentira de que es imposible el cambio de la cultura de la persona por estar tan profundamente arraigada.

Pero ahora me he dado cuenta con un Nuevo frescor que debo juzgar mi cultura a la luz de la inerrante Palabra de Dios. Ninguna cultura es perfecta, pero la Palabra de Dios lo es. La cultura se debe amoldar a la Palabra de Dios y no al revés. Cada vez más me voy dando cuenta que Dios desea cambiarme para amoldarme a su Palabra. Es la Biblia y no la cultura que debe dictar todo lo que pienso y hago.

La cultura se debe amoldar a la Palabra de Dios y no al revés.

En Norteamérica hemos desarrollado una cultura de individualismo. Si bien hay muchos maravillosos aspectos del individualismo, mucho del presente individualismo nos ha conducido a un peligroso sendero de aislamiento, anonimato y soledad.

La cultura bíblica por el otro lado, es una cultura "de unos a otros." El mandato de Cristo a sus discípulos es claro: ámense unos a otros. El Dios trino es un testimonio eterno de la unidad de Dios. La iglesia del primer siglo era un movimiento "cara a cara," reuniéndose en hogares y multiplicando la vida de Dios en la comunidad.

Este libro me ha cambiado la vida. Nuevamente me he dado cuenta de que necesito amoldarme a lo que Dios revela en las Escrituras y permitir que el Espíritu Santo me transforme en un discípulo relacional. Eso es lo que El desea y necesito permitirle que opere profundamente en mi interior.

Mi esperanza es que usted también sea desafiado y cambiado al leer este libro. Mi oración es que desee ser un discípulo relacional y que le pida a Dios de su gracia abundante para transformarle. Usted no puede cambiar, pero Dios puede hacerlo. Dios nos ha prometido su Espíritu Santo para operar profundamente en nuestro interior para hacernos un discípulo relacional. *

---

* Este libro apunta a todos en la Norteamérica angloparlante, pero asimismo me he tomado la libertad de generalizar acerca de la cultura occidental como un todo. Cuando uso el término "Occidente" me refiero a Norteamérica angloparlante, Europa y Australia.

Sección Uno

VER AL DISCIPULADO DESDE UNA PERSPECTIVA DIFERENTE

1
AMOLDADO AL PATRÓN DEL INDIVIDUALISMO

Bob Dylan escribió una canción galardonada en 1979 llamada, Gotta Serve Somebody ("Vas a servir a alguien"). El coro traducido dice:

> Pero vas a tener que servir a alguien, sí
> Vas a tener que servir a alguien,
> Bueno, puede ser el diablo o puede ser el Señor
> Pero vas a tener que servir a alguien.

Vas a tener que servir a alguien. Es verdad. Todos discípulos de alguien o algo. Algunos son discípulos del liberalismo, conservadorismo, o riquezas. Otros se amoldan al comunismo, otros al confusionismo o al hinduismo. Es imposible ser neutral.

Sin siquiera darnos cuenta aprendemos una manera de vivir que moldean nuestro pensamiento y relaciones. La palabra "discípulo" simplemente quiere decir alumno o aprendiz. En los tiempos antiguos los estudiantes o seguidores eran llamados discípulos. En el mundo griego los filósofos eran rodeados por sus discípulos al enseñarles. Los judíos reclamaban ser discípulos de Moisés (Juan 9:28) y los seguidores de Juan el Bautista eran conocidos como sus discípulos (Marcos 2:18; Juan 1:35). Jesús también tuvo un grupo de discípulos (Mateo 5:1; Lucas 6:17; 19:37).

En la cultura occidental nacemos en el individualismo. Es una filosofía de vida que dice:

"Puedo arreglármelas solo."
"Lo puedo hacer por mí mismo."
"No te preocupes, me voy a levantar de esta situación por mis propias fuerzas."
"No necesito que nadie me ayude."

El mundo occidental admira a quienes luchan a través de tiempos difíciles y salen adelante hasta llegar a la cima. Admiramos al héroe que combate solo. Lo vemos en los jinetes del oeste norteamericano, Huckleberry Finn, y el Llanero Solitario.

El mundo occidental admira a quienes luchan a través de tiempos difíciles y salen adelante hasta llegar a la cima.

Sin embargo el apóstol Pablo advierte a los creyentes de Roma a no conformarse o ser moldeado por las pautas de este mundo (Romanos 12: 2). La palabra griega que Pablo usa para "conformado" conlleva la idea de ser forjado o llegar a ser como alguien o algo. El mundo trata constantemente de moldearnos de acuerdo a su patrón y las Escrituras nos dicen que necesitamos resistir esa conformidad.

EL MUNDO OCCIDENTAL: UNA CULTURA DE INDIVIDUALISMO

Alexis de Tocqueville, un sociólogo francés escribió *Democracia en América* (1835) luego de sus viajes por los Estados Unidos. Aún hoy sus escritos acerca de la cultura norteamericana hablan verdad. Describe el individualismo de la siguiente manera:

> El individualismo es un sentimiento pacífico y reflexivo que predispone a cada ciudadano a separarse de la masa de sus semejantes, a retirarse a un paraje aislado, con su familia y sus amigos; de suerte que después de haberse creado así una pequeña sociedad a su modo, abandona con gusto la grande.[1]

Aunque de Tocqueville admiraba el individualismo norteamericano pudo notar el peligro del aislamiento que fácilmente podía capturar los corazones norteamericanos. Escribió:

> A medida que las condiciones se igualan, se encuentra un mayor número de individuos que, no siendo bastante ricos ni poderosos para ejercer una gran influencia en la suerte de sus semejantes, han adquirido, sin embargo, o han conservado, bastantes luces y bienes para satisfacerse a ellos mismos. No deben nada a nadie; no esperan, por decirlo así, nada de nadie; se habitúan a considerarse siempre aisladamente y se figuran que su destino está en sus manos.[2]

De Tocqueville creyó que el aislamiento podía llegar a ser un problema real para los norteamericanos. Tenía la esperanza de que las responsabilidades cívicas y sociales haría que las personas se uniesen para encontrarse en grupos y prevenir a los norteamericanos de envolverse en sus propios capullos.

Después de ciento setenta y cinco años de la visita de De Tocqueville a nuestras costas, me pregunto qué pensaría ahora.

El aislamiento y la soledad son ahora partes de la psiquis norteamericana. La ansiedad, soledad, los desórdenes del humor, y el distanciamiento social son lugares comunes en la sociedad del presente. Más y más personas sufren de depresión. George Gallup escribió, "Los norteamericanos están entre las personas más solas en el mundo." [3] M. Scott Peck dice,

Atrapados en nuestra tradición de duro individualismo llegamos a ser personas extraordinariamente solitarias. Tan solos que, por cierto, muchos no pueden siquiera reconocer su soledad para sí mismo y menos aún en otros. Miren las caras tristes y heladas alrededor suyo y busque en vano por almas escondidas tras las mascaras de maquillaje, farsa y compostura.[4]

El aislamiento es el resultado del individualismo separado del Dios trino. Ha evolucionado acrecentadamente en la inmoralidad y la destrucción de la familia. Se estima que seis de cada diez niños nacidos en la década de los noventa van a vivir en hogares de un solo padre para el momento que tengan dieciocho años.[5]

El aislamiento es el resultado del individualismo separado del Dios trino. Ha evolucionado acrecentadamente en la inmoralidad y la destrucción de la familia.

La obtención de logros individuales por sí mismo es buena. Dios desea que usemos los dones y talentos que nos ha dado al máximo posible. Lo cierto es que, sin embargo, el individualismo nos aísla de otros para concentrarnos en los beneficios egoístas, lo que es el cumplimiento de los temores de Tocqueville.

EL INDIVIDUALISMO Y LOS DEMÁS

Las vidas de las personas están más y más centradas dentro de sus casas en vez del barrio o las comunidades. Lo común es que las personas lleguen a sus estacionamientos privados, entren en sus casas y muy de vez en cuando interactúen con la comunidad circundante.

El caminar ha decrecido alarmantemente en Norteamérica al punto que es raro encontrarse con otros afuera de la casa. Al incrementarse el uso del automóvil la vida de las veredas y las yardas del frente de casa ha desaparecido, y las interacciones sociales que eran la característica principal de la vida urbana se han evaporado.

En 1974 uno de cada cuatro norteamericanos visitaba a su vecino varias veces por semana. Pero para 1994, ese número había decrecido al dieciséis por ciento y el número de personas que nunca habían pasado un tiempo con su vecino creció impresionantemente: un cuarenta y un por ciento de crecimiento en comparación con la cifra de cuando la pregunta fuera hecha veinte años antes.[6]

Me acuerdo de cierta vez que fui a una comida organizada por la asociación de vecinos donde vivo. Las personas pasaban solos el rato. No se acercaban a otros y me resultó difícil poder acercarme a ellos. Me sorprendió ver cuán solitarias las personas pueden estar aún en un grupo.

John, uno de los miembros de nuestra iglesia se ofreció como voluntario para entrenar el equipo de béisbol de su hijo. Su esperanza era conocer a otros y desarrollar con ellos relaciones interpersonales. Sin embargo, pronto halló que los padres solamente venían al campo de juego para rápidamente buscar a sus hijos y llevarlos de regreso. No pasaban el tiempo conversando con otros.

¿Será posible que las personas se hayan vuelto menos relacionales por tener menos tiempo disponible? En realidad las personas tienen casi el mismo tiempo de ocio que tenían quienes vivían durante el período de la segunda guerra mundial. El factor principal más bien es qué es lo que las personas están haciendo con el tiempo que les sobra. Entre 1965 y 1995 los norteamericanos adquirieron un promedio de seis horas más de ocio por semana pero la mayor parte de esas seis horas adicionales fueron usadas para mirar televisión.[7]

Robert Putman, profesor de Harvard, en su libro: *Bowling Alone* (Jugando a los bolos solo), describe la espiral en descenso de las relaciones sociales en la cultura de Norteamérica desde fines de la segunda guerra mundial hasta el presente. El título del libro de Putnam es revelador. El juego de los bolos atraía a las personas a jugar en grupos. Estaba asociado con amigos, familia, o el desarrollo de nuevas relaciones interpersonales. Pero hoy el juego de bolos es una aventura solitaria. Otra actividad más de aislamiento.[8]

MUDANZA

Entiendo muy bien lo que es una mudanza. Como familia misionera en el Ecuador por once años frecuentemente hemos vivido con las valijas listas al tener que viajar de Norteamérica a Sudamérica.

La mudanza es parte del estilo de vida norteamericano también. Las estadísticas dicen que uno de cada cinco norteamericanos se muda cada año. Dos de cada cinco piensa mudarse en los próximos cinco años.[9] Los norteamericanos sentimos un hormigueo interior por conocer nuevos lugares y escuchar nuevos sonidos. En una conversación con una amiga que ha sido miembro de una iglesia en San Diego por mucho tiempo me dijo que su iglesia ha pasado siempre por el enigma de tener muchas personas mudándose. Se hubo convertido en una puerta giratoria. Pero su experiencia no es infrecuente.

El incremento en la movilidad ha disminuido las relaciones de largo plazo. Los norteamericanos no conocen bien a sus vecinos. Will Miller y Glenn Spark,

> *La mudanza es parte del estilo de vida norteamericano también. Las estadísticas dicen que uno de cada cinco norteamericanos se muda cada año.*

en su libro, *Refrigerator Rights*, (Los derechos al refrigerador), advierte a las personas acerca del costo social tremendo que viene con la reubicación. Frecuentemente, afirman, justo cuando las relaciones con los vecinos y colegas comienzan a ser significativas, se trasladan a otra ciudad y el proceso de hacerse de amigos debe iniciarse nuevamente. Han detectado que cada vez menos personas en Norteamérica pueden entrar en la casa de otra persona, abrir el refrigerador y hacerse un emparedado. Esta pérdida de los "derechos al refrigerador" se debe a la alta movilidad de la sociedad americana. Las relaciones toman tiempo. No ocurren de la noche a la mañana. Toma tiempo ganar la confianza del vecino o del compañero de trabajo. Cuando nos mudamos, nos mudamos de las personas que conocemos. Es difícil reemplazar esas relaciones.

Me acuerdo cierta vez comiendo con Buddy Lindsay en un restaurante de pescados en Myrtle Beach, Carolina del Sur. Buddy es un abogado de impuestos en Myrtle Beach, creció allí y probablemente terminará sus días allí. Conversando con Buddy en ese soleado día de febrero me di cuenta que conocía personalmente a la mayoría de los dueños de negocios y personas claves en la ciudad. "Este hombre entiende lo que es una comunidad," pensé en mi interior. Las personas conocen, aman y respetan a Buddy porque él se toma el tiempo suficiente para conocerles. Buddy es un gran ejemplo de florecer donde uno es plantado.

Al igual, mis padres vivieron en la misma casa en Long Beach, California desde 1950. Mi madre organizaba reuniones sociales en el vecindario. Siempre la invitaban a las reuniones de padres de la escuela, a las ligas de servicio comunitario y a otras actividades sociales. Aún con sus ochenta y tres años todavía se involucra en la comunidad. Muchos podemos ver esto como maravillosos ejemplos pero cada vez más parecen más bien excepciones a la regla.

AISLAMIENTO DEBIDO A LOS MEDIOS MASIVOS

La televisión ha cambiado al mundo. Podemos virtualmente viajar a diferentes lugares en un instante, aprender acerca de acontecimientos de la historia o temas de la ciencia, o simplemente disfrutar de un buen tiempo de esparcimiento. Y cuando hay partidos de baloncestos me vuelvo un ávido consumidor de la televisión.

La televisión es tan popular, por cierto, que el norteamericano promedio pasa cuatro horas de su día frente a ella.[10] Esta es casi la mayor audiencia en todo el mundo. Un hogar promedio tiene encendido al menos un televisor por siete horas por día. El niño promedio de edad escolar pasa veintisiete horas por semana frente a un televisor (algunos pre-escolares pasan aún más). La televisión ha absorbido casi el cuarenta por ciento del tiempo libre de los norteamericanos en 1997, un incremento de casi un tercio desde 1965. En un año, un niño pasa más tiempo mirando televisión que el que dedica a la escuela o participando en otra actividad, excepto dormir. La televisión está moldeando quienes somos. Es nuestra vida social. Años atrás se veía televisión en grupos. La familia entera se sentaba ante la televisión y disfrutaban del mismo programa. Hoy es muy diferente. Los telespectadores se sientan solos frente al tubo. Muchas familias tienen un televisor en cada habitación para acomodar las preferencias personales de cada integrante.

Una de las razones claves por la que se tienen televisores colgando en los gimnasios es para que las personas se entretengan evitando el diálogo social. Inconscientemente muchos piensan que por ver la televisión se establece una "relación con la persona en la TV," de manera que piensan que están en una ambiente social cuando ciertamente no lo están. La televisión previene que las personas compren y lean libros también.

Aún los deportes relacionales como el juego de bolos han sido invadidos por la televisión. Putnam escribe:

Aún en una noche de juego de liga los miembros del equipo ya no conversan activamente entre sí acerca de los acontecimientos del día o temas públicos o privados. Al contrario, cada uno está silenciosamente fijo en la pantallas mientras esperan su turno. Aún durante una noche de juego de bolos juntos, observan solitariamente la televisión. [11]

Hay televisores en los aeropuertos, bares, hoteles, negocios y restaurantes.

Muchas veces la televisión es la niñera predilecta para muchos padres. Esta es una opción muy dañina. Estudios sociales muestran que mirar televisión afecta a sus niños en tres maneras: se vuelven menos sensible al dolor y sufrimiento de otros, se vuelven más temerosos de lo que les rodea, y tienen una mayor disposición a conductas agresivas y peligrosas. [12]

La televisión ha conducido a las personas al aislamiento en sus propios hogares. El manejo del tiempo muestra que los esposos pasan tres a cuatro veces más del tiempo mirando televisión que conversando entre sí, y seis a veces más de actividades comunitarias fuera del hogar. [13]

LA IGLESIA REFLEJA A LA SOCIEDAD

Las congregaciones están formadas por las mismas personas que viven en la sociedad. Kirk Hadaway, autor y profesor, toca este sensible nervio cuando escribe: "Las Iglesias, como la misma sociedad, se han vuelto más y más impersonales. No basta con escucharlo desde el púlpito, leerlo en la Biblia, o verlo en los individuos. Debe ser experimentado en comunidad." El Espíritu de Dios transforma a las personas, pero esa transformación toma lugar en comunidad. [14] Por la naturaleza transitoria de una gran sociedad, las estadísticas indican que uno de cada siete adultos cambia de iglesia cada año. Las personas generalmente deciden qué iglesia asistir basados en el gusto o elección personal. Mark Galli, editor en jefe de "Christianity Today," escribe,

> ... nuestra predilección por cambiar de iglesia, generalmente porque "no me daban alimento espiritual," como nuestra necesidad de comparar cada iglesia y pastor con nuestra lectura personal de la Biblia—así entonces, puede ver por qué en 500 años los protestantes han podido crear de dos tradiciones (Ortodoxa y Católica) unas 30.000 denominaciones.... la experiencia personal de adorador muchas veces se vuelve más importante que el objeto de su adoración. De esa manera tenemos esta continua proliferación de Iglesias, organizaciones para-eclesiásticas, y movimientos porque el grupo al que pertenecemos no nos satisface de la manera que pensamos que "el Señor nos está indicando" que debe ser. [15]

Muchas Iglesias usan técnicas de mercadeo para atraer a aquellos que deambulan de iglesia en iglesia. Antes que hacer discípulos que hagan más discípulos, las técnicas de mercadeo se han convertido en el medio principal para atraer a las personas al edificio de la iglesia. En su libro: *Selling Out the Church: The Dangers of Church Marketing* (Vendiendo la iglesia: peligros del mercadeo eclesiástico), Philip Kenneson y James Street notan que la iglesia empresarial es "vista principalmente como un negocio." [16]

El uso de principios de mercadeo para publicitar a la iglesia no es necesariamente algo malo, pero uno necesita preguntarse: "¿Puede una iglesia dominada por el mercado todavía ser la iglesia de Cristo?" [17] Otra vez, las Escrituras, antes que la cultura deben guiar todo lo que hacemos o decimos. Jesús está interesado en hacer crecer una iglesia orgánica y reproductora antes que una anónima e impersonal.

Es más fácil criticar que proveer soluciones. Muchas veces los creyentes en la iglesia se ven a sí mismo como individuos en primer lugar, segundo como americanos, y tercero como cristianos. Quienes están en la iglesia son las mismas personas que aprecian sus derechos, libertades e independencia. Son las mismas personas que no conocen a su vecino y aún menos confían en ellos.

VOLVER AL DISCIPULADO RELACIONAL

El deseo de Dios es que dependamos de Él y seamos interdependientes unos de otros. Vivir en comunidad implica el pueblo de Dios trabajando, comiendo y sirviendo juntos. Jesús nos ha llamado a practicar nuestra fe cristiana. Somos criaturas sociales y nuestro Creador ha puesto en nuestro ser el anhelo por relaciones interpersonales.

Un signo alentador es que las generaciones venideras son más relacionales. La cultura postmoderna desea una comunicación auténtica entre las personas. Dicen: "No deseamos tener Iglesias sin relaciones interpersonales de amor."

Los jóvenes en general mucho más abiertos a lo comunitario y a las relaciones interpersonales que sus predecesores. La iglesia emergente está hambrienta por relaciones como las de Cristo y ministerios basados en la realidad. Desean ver a Jesús en las personas antes de que estén listas para "decidirse" por Jesús. La Generación Próxima anhela una forma relacional de iglesia, una que vea el ministerio en términos de relaciones como en el Nuevo Testamento antes que técnicas y programas que intenten hacer crecer la iglesia.

2

TRANSFORMADOS POR LA TRINIDAD

Debo admitir que nunca pensé que la Trinidad tuviera ninguna aplicación personal. Siempre me pareció un interesante concepto teológico pero nada más. Lo estudié en el seminario, lo mencioné en sermones y, por supuesto, lo creí. ¿Pero acaso la Trinidad llegó a ser un concepto que me transformara? De ninguna manera.

Mi perspectiva ha cambiado drásticamente. Últimamente me he encontrado meditando en completo asombro y admiración. Estos son algunos de mis pensamientos:

"Amo y sirvo a un Dios que existe en perfecta relación."

"Dios no es solitario. Existe en comunidad."

"Su comunión entre los miembros de la divinidad es mi modelo a seguir."

La naturaleza divina me emociona. Es un Dios relacional. No es individualista. Desea comunidad. Esta emoción aún se profundiza al contemplar que este Dios Triuno vive en mí. Me moldea y forma desde adentro para ser un discípulo relacional. Toda la Trinidad: Padre, Hijo y Espíritu Santo, reside en cada creyente. La misma naturaleza de Dios, por lo tanto, guía a sus hijos a formar relaciones interpersonales con otros.

La naturaleza relacional de Dios brota de las páginas de la Biblia. Vea cuántas veces las Escrituras hablan acerca de la comunidad, el amor, y las relaciones entre su pueblo. Estas Escrituras simplemente reflejan el carácter de Dios.

Como fuera mencionado en el capítulo anterior, la cultura de este mundo trata de "conformarnos" a sus valores (Romanos 12:2). Pablo también usa la palabra "transformado" en Romanos 12:2. Nos dice que no nos conformemos al mundo pero que seamos transformados por la renovación de nuestras mentes. En español tenemos la palabra "metamorfosis" de esta palabra traducida como "transformados." Se refiere a un cambio total desde el interior antes que desde el exterior.

Dios mismo es quien opera la transformación y su meta es moldearnos a su imagen como dice en Génesis 1:26, "Hagamos al hombre a nuestra imagen..." Note el plural en "hagamos" y "nuestra imagen." Dios nos está transformando a su imagen que es relacional. Larry Crabb escribe,

Hemos sido diseñados por nuestro Dios Trino (quien en sí mismo es in grupo de tres personas en una profunda relación entre sí) para vivir en relaciones. Sin ellas, moriríamos. Es simple. Sin una comunidad donde nos conozcamos, exploremos, descubramos y toquemos unos a otros, experimentamos aislamiento y desesperación que nos conducen a direcciones equivocadas y corrompen nuestros esfuerzos por vivir bien significativamente y en amor.[18]

Dios mismo es quien opera la transformación y su meta es moldearnos a su imagen.

¿QUÉ ES LA TRINIDAD?

No encontramos la palabra Trinidad en la Biblia. Sin embargo las Escrituras son abundantemente claras que hay un solo Dios y que sus tres personas (Padre, Hijo y Espíritu Santo) son llamadas Dios. La Biblia enseña que:

- El Padre es Dios: "para nosotros, sin embargo, sólo hay un Dios, el Padre, del cual proceden todas las cosas, y nosotros somos para él..." (1 Corintios 8:6).

- Jesús es Dios: "Mas del Hijo dice: Tu trono, oh Dios, por el siglo del siglo" (Hebreos 1:8).
- El Espíritu Santo es Dios: Y dijo Pedro: Ananías, ¿por qué llenó Satanás tu corazón para que mintieses al Espíritu Santo, ...No has mentido a los hombres, sino a Dios." (Hechos 5:3-4)
- Hay un solo Dios: "Oye, Israel: Jehová nuestro Dios, Jehová uno es." (Deuteronomio 6:4).

Un famoso credo de la iglesia describe a la Trinidad de la siguiente manera:

Porque es una la Persona del Padre, otra la del Hijo y otra la del Espíritu Santo; mas la Divinidad del Padre, del Hijo y del Espíritu es toda una, igual la Gloria, coeterna la Majestad. Así como es el Padre, así el Hijo, así el Espíritu Santo. (Credo de Atanasio).

Para mí, la declaración más simple es que hay un solo Dios quien existe eternamente en tres personas: Padre, Hijo (Jesucristo) y Espíritu Santo. (Génesis 1:26, Isaías 9:6, Mateo 3:16-17; 28:19, Lucas 1:35, Hebreos 3:7-11, y 1 Juan 5:7).

Lo cierto es que no podemos explicar completamente la Trinidad. Dios es infinitamente superior a lo que somos y no podemos comprenderlo completamente.

Debido a las limitaciones humanas, históricamente se han usado ilustraciones para describir la Trinidad. Algunas son mejores que otras. Una de las más usadas es la del triángulo. Un triángulo tiene tres ángulos los cuales están en una forma inseparable, simultánea uno con otro. En ese sentido es una buena ilustración de la Trinidad. Por supuesto que el triángulo es finito y Dios es infinito.

Agustín, uno de los padres de la iglesia, ilustró a la Trinidad tomando 1 Juan 4:16, donde se nos dice que Dios es amor. Agustín elaboró que el amor implica un amante, un amado y el espíritu del amor entre el amante y el amado. El Padre sería como el amante, el hijo, el amado, y el Espíritu Santo el espíritu de amor. El amor no puede existir a menos que estos tres cooperen al unísono. Esta ilustración tiene la ventaja de ser personal, pues involucra al amor, una característica que fluye solamente de personas.

LA TRINIDAD Y LA COMUNIDAD

¿Ha estado alguna vez en un grupo en cual percibió un conflicto de personalidades? Posiblemente una persona trataba de dominar la conversación. O se enfrentó a alguien con una personalidad peculiar que le molestaba. Al estar listo a reaccionar de una manera intempestiva (ej., respuesta violenta, chisme, ira), pídale a Dios que le ayude a actuar como la Trinidad. En vez de demandar atención personal, pídale a Dios fortaleza para caminar en humildad, al orar por esa persona.

Jesús frecuentemente señaló la unidad dentro de la Trinidad como el modelo que los discípulos debían seguir. Mire cómo Jesús describe Su relación con el Padre:

> ...para que todos sean uno; como tú, oh Padre, en mí, y yo en ti, que también ellos sean uno en nosotros; para que el mundo crea que tú me enviaste. La gloria que me diste, yo les he dado, para que sean uno, así como nosotros somos uno. (Juan 17:21-22).

La unidad del Padre, Hijo, y Espíritu Santo salta de las páginas de la Escritura. El Nuevo Testamento se asemeja a una carta amorosa entre el Triuno Dios y su pueblo:

- El Padre ama y se deleita en el Hijo (Mateo 3:17).
- Jesús recibe el amor del Padre y le complace por amor y obediencia (Mateo 12:31). Jesús dice: "Jesús clamó y dijo: El que cree en mí, no cree en mí, sino en el que me envió; y el que me ve, ve al que me envió." (Juan 12:44-45).
- El Espíritu glorifica tanto al Padre como al Hijo (Juan 16:14). La obra del Espíritu es traer a la memoria las Palabras de Cristo (Juan 16:12-15).

Cada persona de la Trinidad ama, honra y glorifica a la otra y recibe amor y honor de las otras. Jürgen Moltmann, un famoso teólogo, escribió:

> Las tres personas de la divinidad no están simplemente por sí mismas. Existen en una relación

de una por otra. Son personas en relaciones sociales. El Padre solamente puede ser llamado Padre en relación con el Hijo; el Hijo solamente puede ser llamado Hijo en relación con el Padre. El Espíritu es el aliento de quien habla. Debemos imitar la naturaleza relacional de Dios. Cristo llamó a los doce discípulos y caminó con ellos por tres años demostrando y enseñándoles acerca del amor y la comunidad. El componente clave de su entrenamiento fue la formación y desarrollo de sus vidas en conjunto.[19]

Cada persona de la Trinidad ama, honra y glorifica a la otra y recibe amor y honor de las otras,

Jesús tenía un tremendo desafío para amalgamar tan diverso grupo. Trajo discípulos que eran temperamentales y fácilmente ofendidos. Muchas veces se veían como competidores. No les era fácil lavarse los pies unos a otros (Juan 13:14).

Jesús continuamente les enseñó la importancia de la unidad y el amor de los unos por los otros. Les dijo que las personas ajenas al grupo reconocerían que eran sus discípulos por el amor que tuviesen unos por otros. Aún les dijo que el mundo creería cuando vieran la unidad que los discípulos se dispensaran unos con otros. Jesús oró al Padre: "Yo en ellos, y tú en mí, para que sean perfectos en unidad, para que el mundo conozca que tú me enviaste, y que los has amado a ellos como también a mí me has amado." (Juan 17:23).

Los escritores del Nuevo Testamento no se detuvieron de hablar acerca de la comunidad. La frase "unos a otros" ocurre más de cien veces en el Nuevo Testamento y la mayor parte de ellas tienen que ver con las relaciones entre los creyentes y cómo cultivar esas relaciones. El próximo capítulo se concentra en los "unos a otros."

LA TRINIDAD OPERANDO EN NOSOTROS

¿Cuántas veces nos hemos propuesto hacer cosas por nuestras fuerzas y hemos fallado? Muchas veces nos hemos comprometido a cosas como:

"Voy a obrar de acuerdo a la regla de oro."
"Voy a amar a mi enemigo porque Dios lo dice."
"Voy a amar a mi prójimo."

En resumen, si el Espíritu no obrase en nosotros no podríamos llevar a cabo las Escrituras acerca de los "unos a otros."

Sufrimos de una mentalidad individualista y barbárica. Estamos determinados a no someternos a nadie. La armonía y el amor de la Trinidad es tan distinto a nuestra propia naturaleza humana que necesitamos de Él para transformarnos con ese mismo amor por ser parte de una comunidad.

Se requiere de una poderosa transformación interna para poder pasar de una vida de individualismo a una de comunidad. Dios lo hace en nosotros y fluye a nuestro alrededor.

Amo a los devocionales personales y hasta he escrito un libro acerca de ellos.[20] Pero más y más descubro que los devocionales personales no son realmente personales. Mas bien, el tiempo de un devocional personal es entrar en comunión con la Trinidad, los tres en uno. Los devocionales tienen que ver con el crecer en una amorosa relación con Dios quien no actúa independientemente o en una manera individualista o autónoma. Nuestra relación consigo fluye a nuestra relación con los demás.

Al tener un tiempo quieto se puede captar un resplandor de lo que el perfecto amor y unidad es en realidad. Al pasar tiempo en Su presencia podemos ver a los demás con Sus ojos. Dietrich Bonhoeffer experimentó los horrores de la Alemania Nazi que fuera la personificación del orgullo centrado en el hombre. Pero aún en medio de tal caos Bonhoeffer escribió, *Life Together (Vida en Comunidad)*, un tratado acerca de la comunidad de creyentes centrada en Dios. Escribe:

> El creyente entonces alaba al Creador, el Redentor, Dios, Padre, Hijo y Espíritu Santo, por la

presencia física de un hermano. El prisionero, el enfermo, el cristiano en el exilio ve en la compañía de un cristiano amigo la señal física de la graciosa presencia del Dios trino. [21]

Dios nos ayuda a ver Su presencia en otros y a amarles como Él lo hace. Nos transforma para actuar como Él. El actuar independientemente es contrario a Su carácter. La comunidad, ciertamente, es la misma naturaleza de Dios.

Nuestra meta debiera ser rendirnos al Espíritu y permitirle que nos moldee y conforme. Al hacerlo, nos moverá amarnos unos a otros, a servirnos unos a otros, a esperarnos unos a otros, a caminar en humildad los unos con los otros y a cumplir con los demás mandatos bíblicos relacionados con los "unos a otros." Al hablar acerca de la libertad del creyente, el apóstol Pablo dice: "Ninguno busque su propio bien, sino el del otro." (1 Cor. 10:24).

3

TRANSFORMADOS POR LOS PASAJES "UNOS A OTROS"

Mary Franciscus, una gran amiga y miembro de nuestra iglesia, iba manejando un angosto camino del Lago Lake Havasu en un día de cálido verano cuando su vehículo sufrió la avería de la rueda frontal derecha. El automóvil resbaló y ella giró bruscamente terminando en el carril opuesto. Al levantar la vista vio una camioneta aproximándose de frente. Temiendo por su vida y la de los pequeños en su automóvil, viró hacia la derecha con fuerza trayéndolo nuevamente al carril correspondiente evitando milagrosamente la colisión con la camioneta. Se detuvo sobre el costado de la carretera y todos suspiraron aliviados del susto.

Pero ¿qué podía ahora hacer con tan alta temperatura en el desierto y lejos de la ayuda que su esposo Humphrey podría darle?

Antes de que pudiese llamar al número de emergencia, se dio vuelta y vio tres soldados marinos viniendo hacia ella. Sobre la ventana posterior de su automóvil había una etiqueta que decía: "No de este mundo."

"¿Podemos ayudarle?" preguntaron. "Sí, por favor, muchas gracias," Mary exclamó. Mientras que interiormente se preguntaba *¿Está esto sucediendo realmente?*

Los tres hombres cambiaron la rueda, acomodaron la pieza de metal salida de la carrocería del auto y aún probaron los frenos para ver si estaban bien.

Luego Mary les preguntó si podía orar por ellos, sabiendo que iban de camino a Afganistán. A lo cual accedieron con gusto.

Ya de camino, Mary dijo a sus hijos: "Dios tiene un propósito para todo. Dios quería que orase por ellos."

Puedo imaginarme a los marinos volviendo a su auto diciendo: "realmente nos necesitaba. Dios quería que la ayudásemos."

Y, por cierto, se necesitaban mutuamente. Mary requería la ayuda para su auto y los marinos la oración por su servicio en Afganistán.

Nos necesitamos unos a otros. El término que en la Biblia se traduce por "unos a otros" es un pronombre recíproco que significa "ministerio mutuo."

El Dios trino es un modelo de comunidad. Dios desea que la relación de amor entre los miembros de la Trinidad transforme Su iglesia.

CONCENTRARSE EN LOS DEMÁS

He tratado de crear categorías agrupando los conceptos bíblicos de "unos a otros" para una mejor comprensión. Una de esas categorías generales es el concentrarse en los demás antes que en uno mismo.

Nuestra tendencia natural es concentrarnos en nuestras propias necesidades y deseos. Alguien dijo que cuando tienes quince años te preocupas por lo que los demás puedan pensar de ti, a los cuarenta y cinco no te importa, y a los sesenta y cinco finalmente te das cuenta que ¡en realidad nunca nadie estuvo pensando de ti nada! Lo cierto es que pasamos la mayor parte del tiempo pensando acerca de nosotros mismos. Pablo dijo: "Porque todos buscan lo suyo propio, no lo que es de Cristo Jesús" (Filipenses 2:21). El Dios trino anhela guiarnos a concentrarnos en los demás.

AMAR UNOS A OTROS

Se nos enseña desde pequeños que debemos subir hasta la cima, como un escalador sube el precipicio. "Hazlo por ti mismo" es un refrán popular. Si bien los logros personales no son malos por sí mismos, Jesús nos pide que nos aseguremos de que en el proceso no pisemos a otros.

El mandato de Cristo a los discípulos suplanta el logro personal. Les dijo que resaltasen el interés de los demás por encima del personal. Les dijo: "Un mandamiento nuevo os doy: Que os améis unos a otros; como yo os he amado, que también os améis unos a otros. En esto conocerán todos que sois mis discípulos, si tuviereis amor los unos con los otros." (Juan 13:34-35).

El contexto de estos versículos es la escena cuando Jesús lava los pies de sus discípulos. El mandato de Cristo fue directo: hagan lo que estoy practicando con ustedes. Tal amor era revolucionario en esos días como lo es hoy en día también.

SERVIR UNOS A OTROS

Los discípulos se parecían mucho a nosotros. Tenían sus propios anhelos de grandeza y éxito personales. Dos de ellos se acercaron cierta vez a Jesús pidiéndole que se les concediesen posiciones de poder en el reino (Marcos 10:35ss). Estos dos no tenían problema en pasar por alto a los demás discípulos de ser necesario. Le pidieron: "Concédenos que en tu gloria nos sentemos el uno a tu derecha, y el otro a tu izquierda." Note la respuesta de los otros diez discípulos: "Cuando lo oyeron los diez, comenzaron a enojarse contra Jacobo y contra Juan."

Eso me recordó una escena de la película "Yes Man" (Di que sí) donde Jim Carrey trata de alcanzar una posición de ejecutivo sólo para encontrar que más de cien ex ejecutivos desempleados competían con garra, fuerza y maña por la misma posición. Cuando se intenta trepar por encima de los demás, siempre se crea indignación, envidia y competencia. Muchos tienen la mentalidad de: "haz lo que sea necesario para subir a la cima, aunque sea pisotear a los demás en tu camino." Cristo respondió a los dos discípulos diciendo:

> Mas Jesús, llamándolos, les dijo: Sabéis que los que son tenidos por gobernantes de las naciones se enseñorean de ellas, y sus grandes ejercen sobre ellas potestad. Pero no será así entre vosotros, sino que el que quiera hacerse grande entre vosotros será vuestro servidor, y el que de vosotros quiera ser el primero, será siervo de todos. Porque el Hijo del Hombre no vino para ser servido, sino para servir, y para dar su vida en rescate por muchos (Marcos 10:42-45).

De acuerdo con Jesús, los discípulos más grandes son quienes buscan que los otros sean exitosos. Tienen el poder del Espíritu de Dios para servir a los demás antes que a sí mismos. Es tan opuesto a nuestros propios deseos egoístas que para que pueda funcionar se requiere de una nueva naturaleza.

De acuerdo con Jesús, los discípulos más grandes son quienes buscan que los otros sean exitosos.

Y Dios decididamente suple un amor sobrenatural para quienes le piden. Pablo dice: "Porque el amor de Cristo nos constriñe, pensando esto: que si uno murió por todos, luego todos murieron; y por todos murió, para que los que viven, ya no vivan para sí, sino para aquel que murió y resucitó por ellos." (2 Corintios 5:14). Al fluir el amor de Dios en nosotros somos capacitados para servir a otros y velar no sólo por los propios intereses sino el de los demás (Filipenses 2:4).

PERDONARSE UNOS A OTROS

"Los verdaderos hombres se vengan." Esta pareciera ser la percepción reforzada por muchas películas producidas en Hollywood. En tales películas, el actor se lanza en una cruzada personal para matar a todos quienes le hicieron mal. Pero la vida real, por supuesto, es muy diferente. Generalmente las personas ofendidas se retraen. Dejan de hablar. Dejan de comunicarse. Abandonan todo. Muchos matrimonies terminan de esta manera, llenos de amargura de allí en adelante.

Lo que es verdad para el mundo también puede observarse en las iglesias. Las iglesias están llenas de personas difíciles y heridas. Jesús nos pide que nos perdonemos unos a otros. Muchas veces la membresía es como una puerta giratoria para congregantes que pasan de una iglesia a otra. Y las razones por las que dejan la iglesia tienen que ver con no gustar del pastor, problemas con líderes, o no ser tomados en cuenta para liderar algo. Las personas dejan una iglesia con la esperanza de que en la próxima iglesia los problemas no aparecerán.

Jesús nos llama a no permanecer amargados o resentidos con otros. El camino a seguir es el perdón. Esto no quiere decir ignorar los problemas, sino que más allá de las respuestas a nuestras apelaciones o confrontaciones que los demás hagan, nosotros aún debemos perdonar. Por supuesto, ninguno tiene el poder para perdonar, por lo tanto, necesitamos de Su gracia y poder para hacerlo. Ciertamente afirmó que nos daría fortaleza si le pidiéramos (Mateo 7:7).

En cierta ocasión traté un creyente que había dejado una iglesia y aun guardaba un resentimiento profundo hacia el pastor. El pastor me dijo: "Es como si él mismo estuviese bebiendo el veneno destinado a mí." *Es tan cierto*, pensé. Pablo escribe a la iglesia en Colosenses 3:13, "De la manera que Cristo os perdonó, así también hacedlo vosotros." El autor Mike Mason escribe: "Pon a otros en libertad, si deseas ser libre. Extiéndeles la cuerda a todos, aún a quienes intentarían ahorcarte con ella. Amar a otros es verdaderamente disfrutar con ellos, con sus verrugas y todo. Dale a todos la libertad de ser imperfectos." [22]

EDIFICARSE UNOS A OTROS

Es muy fácil usar el chisme para derribar a las personas. Me recuerdo de cierta miembro de iglesia que le gustaba hablar de sus grandes logros y al mismo tiempo envilecer a los demás contando sus deficiencias. Aunque tenía otros rasgos positivos (era trabajadora, sociable, etc.), sus palabras eran como un remolino trayendo destrucción a su paso. Tuve que confrontarla en más de una ocasión y me preocupaba por la siguiente iglesia a la que ella iría.

Al escribir a la iglesia Pablo dijo: "Así que, sigamos lo que contribuye a la paz y a la mutua edificación" (Romanos 14:19). Somos el cuerpo de Cristo sobre la tierra y necesitamos elevarnos unos a otros hablando verdad unos con otros.

La frase "edificar" en griego literalmente quiere decir reconstruir las vidas del otro (*oikodomeo*). Todos tenemos áreas en las que necesitamos renovación y reparación. Jesús usa a nuestros hermanos como mensajeros para hablar a nuestras vidas. Nos resulta difícil recibir correcciones de otros, pero es una parte importante de ser un discípulo de Cristo.

Pablo escribió a los Romanos: "Porque deseo veros, para comunicaros algún don espiritual, a fin de que seáis confirmados;" (1:11). Y en la próxima oración agrega: "... esto es, para ser mutuamente confortados por la fe que nos es común a vosotros y a mí." Nos necesitamos mutuamente y así nuestros dones espirituales vienen a la vida al ministrarnos unos a otros en el cuerpo de Cristo.

ALENTARNOS UNOS A OTROS

Me pregunto si cuando Pedro negó a Jesús tres veces no se hubiera tentado con la idea de acabar con todo en su estado de desesperación. Pero Pedro no quedó solo en su desmoralización. Los otros discípulos también habían negado que conocieran a Jesús. Pedro fue a ellos en su aflicción, y todos se regocijaron juntos cuando vieron a Cristo resucitado.

El tosco individualismo se gloría en su autosuficiencia. Pero la realidad es que los humanos somos frágiles. Necesitamos de los demás. Ninguno es tan capaz y seguro de sí mismo que no necesite y aprecie el aliento de otros.

La vida tiene sus formas de golpearnos y hacernos sentir que no somos dignos. Dan Blazer escribe en *The Depression Epidemic* (La epidemia de depresión), "Muchos somos víctimas muchas veces de sistemas económicos y corporativos deshumanizantes más allá de nuestro control y de nuestra influencia. Nos sentimos pequeños, insignificantes y descartables."[23]

La naturaleza impersonal de este mundo tiende a absorbernos la vida y el entusiasmo. Nos sentimos deshumanizados y mecánicos. El aliento nos refresca. Nos recuerda que Dios tiene un propósito y plan para nuestras vidas. Somos alentados a continuar. El escritor de la carta a los Hebreos dice: "No dejemos de congregarnos, como acostumbran hacerlo algunos, sino animémonos unos a otros, y con mayor razón ahora que vemos que aquel día se acerca." (Hebreos 10:25 NVI).

Jesús viene pronto. Pero hasta ese momento, necesitamos continuar enfrentando la duda y el desaliento. El aliento inspirado por Dios, como si fuera un puente, no alienta a cruzar la depresión y la incertidumbre y llegar al otro lado. Pablo dice: "Por lo cual, animaos unos a otros, y edificaos unos a otros, así como lo hacéis." (1 Tesalonicenses 5:11).

SER BONDADOSOS UNOS CON OTROS

Los titulares de los periódicos no notarán nuestras acciones secretas de bondad como lo harían por una campaña masiva de evangelización, un concierto o un gran evento unido.

Sin embargo, Dios ve los actos de amor y amabilidad cuando son hechos para su gloria. El autor de la carta a los Hebreos dice: "Porque Dios no es injusto para olvidar vuestra obra y el trabajo de amor que habéis mostrado hacia su nombre, habiendo servido a los santos y sirviéndoles aún." (Hebreos 6:10).

La Real Academia Española define: "Bondad. (Del lat. bonĭtas, -ātis). 1. f. Cualidad de bueno. 2. f. Natural inclinación a hacer el bien. 3. f. Acción buena. 4. f. Blandura y apacibilidad de genio. 5. f. Amabilidad de una persona respecto a otra." Es un acto que muestra consideración y cuidado por el otro. Pablo nos llama a "Antes sed benignos unos con otros..." (Efesios

4:32). El mundo atribuye debilidad a la bondad, pero cuando Cristo controla al creyente, el fruto es bondad, compasión y comprensión por los demás.

Mi madre tiene la habilidad de impactar a quienes la rodean. Su don de servicio y bondad es incomparable. No le dice simplemente a las personas que les ama, les muestra. La gente disfruta estar con Phyllis Comiskey porque es tan generosa. No puede ir a una venta de garaje sin pensar en mis hijos. MI madre hace que mis hijos y quienes la rodean se sientan especiales y amados por sus actos de bondad. El apóstol Juan escribe:

> Hijitos míos, no amemos de palabra ni de lengua, sino de hecho y en verdad. Y en esto conocemos que somos de la verdad, y aseguraremos nuestros corazones delante de él; pues si nuestro corazón nos reprende, mayor que nuestro corazón es Dios, y él sabe todas las cosas. (1 Juan 3:18-20).

Mike Mason subraya la promesa de confianza en los versículos de 1 John 3:19-20 afirmando ". . . Sé del poder de los pequeños actos de bondad para quitar la depresión. La bondad quita la depresión porque ataca la raíz de la depresión que es auto condenación.[24]

Los cristianos han comenzado muchos de los grandes programas de ayuda social del mundo. Los fundadores fueron creyentes que simplemente deseaban alcanzar a otros en el nombre de Cristo por medio de actos de bondad humildes y desinteresados.

Usted puede mostrar bondad en maneras muy simples: dando su asiento en un ómnibus repleto, ofreciendo su chaqueta, cocinando una comida a alguien que necesita, ofreciendo el transporte de alguien que no tiene vehículo, o ayudando a ubicar las maletas en el compartimiento del avión a alguien que no puede hacerlo.

SER AFECTUOSOS UNOS CON OTROS

Cuando Jesús viene a nuestros corazones, nuestras vidas son transformadas, se nos da una nueva naturaleza y una nueva perspectiva acerca de la vida.

Mi conversión a Cristo treinta y seis años atrás fue un evento asombroso y sobrenatural. Pero Dios ha estado operando otra conversión en mi corazón también. Es la conversión hacia el "unos a otros." Pablo afirma en Romanos 12:10, "Sed afectuosos unos con otros con amor fraternal..." (Romanos 12:10 LBLA) La palabra "*afectuosos*" puede ser traducida como "amablemente cariñosos." Pablo tenía en mente los afectos dados en una familia.

Quienes pertenecen a la iglesia son partes de una familia celestial, unidos por Jesucristo mismo. El afecto de unos por otros implica no abandonar la familia cuando la vida se vuelve difícil. Es un compromiso que no podemos tomar livianamente.

RENDICIÓN DE CUENTAS

Ninguno de nosotros puede ser un llanero solitario en este peregrinaje en el reino de Cristo. Antes, somos compañeros de viajes en este peregrinaje al cielo. Las Escrituras nos llaman a velar los unos por los otros y a rendir cuentas unos a otros.

AMONESTARSE UNOS A OTROS

Frank convivía con una mujer por años mientras asistía a una iglesia evangélica. Nadie la había preguntado acerca de esa relación con la mujer. Muy seguramente nadie sabía siquiera acerca de ello. Un domingo cuando estaba en la iglesia, le invité a un grupo pequeño en mi hogar, el cual yo conducía. Aceptó la invitación y se volvió un asistente regular al grupo. Pronto se hizo evidente cuál era su estilo de vida. No podía ocultarlo. Y las personas del grupo comenzaron a ministrar a Frank.

La Palabra de Dios compartida por los demás comenzó a amonestar y traer convicción al corazón de Frank que debía casarse o separarse. Frank acordó separarse de su compañera de vida, mientras decidían qué iban a hacer. Con el tiempo se casaron, entraron en el entrenamiento de discipulado, y llegaron a ser líderes de un grupo pequeño.

La Escritura nos dice que somos instrumentos de Dios para amonestarnos unos a otros. Pablo dice: "Pero estoy seguro de vosotros, hermanos míos, de que vosotros mismos estáis llenos de bondad, llenos de todo conocimiento, de tal manera que podéis amonestaros los unos a los otros." (Romanos 15:14). Pablo escribió esto a una iglesia casera donde todos se conocían entre sí. Pablo deseaba que los creyentes supieran que eran ministros. Dios los equipó para hablar y aconsejarse unos a otros. Muchas veces dependemos demasiado en el "pastor" para el trabajo de la iglesia. Pablo creía que todos los creyentes eran ministros.

La mejor manera de amonestarnos unos a otros es por medio de la Palabra de Dios. Pablo escribe en Colosenses 3:16, "Que la palabra de Cristo habite en abundancia en vosotros, con toda sabiduría enseñándoos y amonestándoos unos a otros con salmos, himnos y canciones espirituales, cantando a Dios con acción de gracias en vuestros corazones." (Colosenses 3:16 LBLA). Mi esposa y tres hijas recientemente viajaron a Panamá en un viaje misionero. Juntas debían levantar ocho mil dólares en tres meses. Al escucharlo, alguien dijo: "Eso es imposible." Mi esposa cortésmente le "amonestó" diciendo: "La Biblia enseña: "Él les dijo: Lo que es imposible para los hombres, es posible para Dios." (Lucas 18:27). Dios hizo posible que Celyce y mis hijas levantaran los ocho mil dólares antes de viajar. La persona que dudó hoy cuenta la historia acerca de su descreimiento confortado por la verdad de la Palabra de Dios. La Palabra de Dios ganó, por supuesto.

> *Muchas veces dependemos demasiado en el "pastor" para el trabajo de la iglesia. Pablo creía que todos los creyentes eran ministros.*

SOMETERSE UNOS A OTROS

La sumisión es una palabra muy raramente dicha en nuestra cultura moderna y políticamente correcta. Las personas independientes, librepensadores, y aún rebeldes, son apreciados y estimados. La verdad bíblica sin embargo sobrepasa lo que las personas valoran. Y las Escrituras nos llaman a someternos unos a otros. Pablo dice en Efesios 5:21, "Someteos unos a otros en el temor de Dios." Pablo escribió este versículo inmediatamente antes de hablar acerca de las relaciones entre esposos.

Los esposos señalan rápidamente que las esposas deben someterse. Pero Pablo dice que esposos, esposas, y la iglesia en general debe someterse unos a otros. Mike Mason dice:

> Por cierto, la manera básica por la que nos sometemos a Dios es sometiéndonos unos a otros. Cierta religiosidad puede hacernos humillarnos ante Dios. Pero a menos que nos humillemos ante las personas, nos estamos

engañando a nosotros mismos. Las relaciones interpersonales son la prueba de nuestra santidad.25

La iglesia de Jesucristo es llamada a la sumisión de unos a otros.

CONFESAR NUESTROS PECADOS UNOS A OTROS

Dios recientemente me mostró cómo resolver un tema problemático en mi propia vida. Me reveló que necesitaba ser más transparente acerca del tema y pedir oración. Cuando lo compartí con otros, ellos a su vez comenzaron a compartir sus propios problemas.

Todos tenemos luchas. Estamos en un peregrinaje y el amor y la gracia de Dios nos alienta a ser honestos unos con otros. Deitrich Bonhoeffer escribió:

> No puede ocultar nada de Dios. La máscara que usamos frente a los hombres no nos sirve con El. El quiere verle como es. Quiere usar gracia con su vida. No necesita mentirse ni mentir a sus hermanos como si no tuviese pecado; usted puede ser un pecador. Gracias a Dios por ello. El ama al picador, aunque aborrece al pecado. Toda vergüenza ha terminado en la presencia de Cristo. La comunidad es el lugar donde las personas pueden ser vulnerables y transparentes. 26

Dios obró poderosamente en las vidas de los jóvenes de nuestra iglesia luego de que volvieran de una conferencia. Dios los cambió durante el evento, y el fuego siguió ardiendo durante los tiempos de confesión y oración dentro del grupo por semanas y meses. Uno de ellos era visceralmente honesto acerca de sus pecados y errores. Fue la chispa que encendió a los demás para compartir sus luchas.

La confesión de pecados y orar unos por otros ha sido siempre una parte importante en los avivamientos alrededor del mundo. La superficialidad, sin embargo, es la enemiga del avivamiento. Bonhoeffer continúa:

> Ahora está en el compañerismo de un pecado que vive por la gracia de Dios en la cruz de Cristo Jesús. Ahora puede ser un pecador y aún gozar de la gracia de Dios. Puede confesar sus pecados y en ese mismo acto hallar compañerismo por primera vez. El pecado oculto nos separa del compañerismo, hacienda todo aparente compañerismo una farsa; el pecado confesado le ha ayudado a encontrar un verdadero compañerismo con los hermanos en Cristo Jesús.[27]

INTERDEPENDENCIA

Nuestra naturaleza pecadora tiende a exaltarnos a nosotros mismos ante los demás. Las Escrituras nos dicen que necesitamos ver a nuestros hermanos y hermanas como superiores a nosotros mismos. Esta es una actividad sobrenatural porque somos egoístas por naturaleza. El apóstol Pablo escribió:

> Espero en el Señor Jesús enviaros pronto a Timoteo, para que yo también esté de buen ánimo al saber de vuestro estado; pues a ninguno tengo del mismo ánimo, y que tan sinceramente se interese por vosotros. Porque todos buscan lo suyo propio, no lo que es de Cristo Jesús. (Filipenses 2:19-21).

Para poder ir más allá del egoísmo y pensar en las necesidades de los demás se requiere de una obra de gracia sobrenatural.

ANDAR EN HUMILDAD UNOS CON OTROS

¿Ha estado alguna vez en un grupo donde todos deseaban ser el centro de atención? ¿Notó que nadie prestaba atención al otro? ¿Y que todos hablaban al mismo tiempo?

Anhelamos ser el centro de atención. Ansiamos la deferencia, el crédito, y la estima de las personas. El problema es que todos desean lo mismo.

Los verdaderos siervos de Jesús están dispuestos a humillarse a sí mismos, negarse la atención de los demás y estimar a los demás como superiores a sí mismos. Pedro dice: "...revestíos de humildad; porque: Dios resiste a los soberbios, Y da gracia a los humildes." (1 Pedro 5:5). El plan que Dios tiene para nosotros es andar en humildad, abandonando nuestros derechos y permitiendo que los demás sean exaltados. La verdadera humildad es la obra de la gracia de Dios en nosotros. Nada en nosotros desea o anhela la humildad. Así entonces la Trinidad desea perfeccionar su característica en nosotros.

ACEPTARNOS UNOS A OTROS

La iglesia de Cristo está formada por personas imperfectas con muchas necesidades. Su versión mundana simulada es la de la clase alta, el grupo de los selectos. En comparación, la iglesia de Jesucristo es un hospital, lleno de personas quebradas y sufrientes. Y como todos somos salvos y aceptados por la gracia de Dios, debemos aceptar a los demás de la familia de Cristo. Larry Crabb escribe:

> No necesito estar en guardia. Puedo aceptarte de la manera que Dios me ha aceptado a mí por medio de Cristo. Cuando me ofendes puedo nutrir el espíritu de perdón dentro mío, ya que existe. Puede ser que necesite esfuerzo para encontrarlo pero está ahí. Al ser perdonado se me ha dado el impulse por perdonar, el mismo impulse que me

llevo a ser perdonado. Puedo volcar sobre ti la vida que ha sido volcada sobre mí. [28]

Jesús me aceptó cuando yo estaba en contra suyo, viviendo en rebelión. La Biblia aún dice que "...siendo enemigos, fuimos reconciliados con Dios por la muerte de su Hijo," (Romanos 5:10) y "aun estando nosotros muertos en pecados, nos dio vida juntamente con Cristo" (Efesios 2:5). Ya que nadie es parte de la iglesia de Dios debido a méritos o justicia propia, Dios nos llama a aceptar a todos quienes El ha aceptado, a pesar de las diferencias. Pablo dice en Romanos 15:7: "Por tanto, recibíos los unos a los otros, como también Cristo nos recibió, para gloria de Dios." La base para aceptar a otros como son radica en el hecho de que Dios nos ha aceptado como somos. Pablo nos dice que Dios ha escogido a lo necio y despreciable para traer gloria para Sí mismo:

> ...sino que lo necio del mundo escogió Dios, para avergonzar a los sabios; y lo débil del mundo escogió Dios, para avergonzar a lo fuerte; y lo vil del mundo y lo menospreciado escogió Dios, y lo que no es, para deshacer lo que es, a fin de que nadie se jacte en su presencia. (1 Corintios 1:27-29).

Los verdaderos discípulos del Señor aceptan a las personas como son, con todos sus temores, debilidades, diferencias étnicas y de trasfondo cultural. De la misma manera que las otras verdades relacionales de las Escrituras necesitamos el poder del Espíritu Santo para que en realidad podamos ponerlas en práctica. Mason dice: "Si deseo saber lo que es el verdadero compañerismo con otros, el primer paso es el mismo: tomar la decisión de unir mi corazón al de ellos. Entonces juntos pedimos a Jesús que venga a este nuevo corazón que ha sido formado entre nosotros." [29]

VIVIR EN PAZ LOS UNOS CON LOS OTROS

Los primeros cristianos enfrentaban conflictos frecuentemente. La persecución separaba a las familias. Los creyentes debían reunirse secretamente, ocultándose de la vista escudriñadora del imperio romano. Como Jesús sabía que sus discípulos iban a enfrentar la persecución, les dijo: "Estas cosas os he hablado para que en mí tengáis paz. En el mundo tendréis aflicción; pero confiad, yo he vencido al mundo." (Juan 16:33). La paz en tiempos de persecución es una necesidad imperiosa.

La paz es también necesaria en medio de luchas interpersonales. La envida, los celos y amarguras pueden fácilmente nublar las relaciones interpersonales. La iglesia del primer siglo debía ser cautelosa contra las mezquindades que venían con los conflictos humanos. Pablo exhortó a los creyentes "Tened paz entre vosotros." (1 Tesalonicenses 5:13b).

El vivir en paz con los demás implica aceptar a las personas de la manera en que Dios los ha hecho y perdonar sus faltas. El hablar la verdad en amor es un prerrequisito para vivir en paz. El evitar a otros y las murmuraciones son una receta segura para los problemas y conflictos.

El vivir en paz con los demás implica aceptar a las personas de la manera en que Dios los ha hecho y perdonar sus faltas.

SOPORTARSE UNOS A OTROS

La mayoría de la cultura occidental está indoctrinada con enseñanzas revolucionarias. Esta teoría promueve la supervivencia del más fuerte, lo que supuestamente es la manera por la que las especies sobreviven o perecen. La conclusión natural de la evolución es que el fuerte sobrevive y el débil perece. La Alemania de Hitler fue un ejemplo extremo de esa enseñanza.

Las Escrituras nos enseñan que Dios nos creo a todos iguales. El débil es tan importante como el fuerte. Dios nos dice que debemos soportar al débil y elevarlo. Pablo dice: "Así que, los que somos fuertes debemos soportar las flaquezas de los débiles, y no agradarnos a nosotros mismos. Cada uno de nosotros agrade a su prójimo en lo que es bueno, para edificación. Porque ni aun Cristo se agradó a sí mismo; antes bien, como está escrito: Los vituperios de los que te vituperaban, cayeron sobre mí." (Romanos 15:1-3). Y luego en otro pasaje dice: "Sobrellevad los unos las cargas de los otros, y cumplid así la ley de Cristo." (Gálatas 6:2).

Jesús no pasó por alto al ciego y al afligido para tener camaradería solamente con los de alta influencia. Sino que por el contrario pasó más tiempo con quienes tenían necesidades y cargas. Sanó al ciego y alimentó al hambriento. Cumplió la profecía de Isaías: "El Espíritu del Señor está sobre mí, por cuanto me ha ungido para dar buenas nuevas a los pobres; me ha enviado a sanar a los quebrantados de corazón; a pregonar libertad a los cautivos, y vista a los ciegos; a poner en libertad a los oprimidos; a predicar el año agradable del Señor." (Lucas 4:18-19).

Jesús nos demostró la necesidad de soportar al débil y desamparado. No podemos soportar las cargas de los demás si nuestra relación se reduce solamente a los domingos por la mañana. Necesitamos acercarnos a las personas para escuchar sus corazones, conocer sus necesidades y llevar sus cargas.

ESPERARNOS UNOS A OTROS

David Shi, un historiador cultural, escribe acerca de la inhabilidad de la cultura norteamericana para disminuir la velocidad. La espera se hace intolerable.

Trabajamos sin descanso y presionamos la marcha contra viento y marea. Edward Stewart dice:

> El visitante extranjero a los Estados Unidos pronto se da cuenta de la vida a alta velocidad y de las personas en incesante actividad. Esta imagen muestra que el hacer es dominante para los norteamericanos. La suposición implícita es que casi nunca se cuestiona la validez de "tener las cosas hechas."[30]

La espera es prácticamente un anatema en un mundo a las apuradas y en máxima velocidad. La exhortación de Pablo a los corintios es relevante para nuestra realidad: "Así que, hermanos míos, cuando os reunís a comer, esperaos unos a otros. Si alguno tuviere hambre, coma en su casa, para que no os reunáis para juicio." (1 Corintios 11:33). Es difícil esperar a otros, pero lo podemos hacer por el poder de Dios. ¡Entonces todo es posible!

Como los corintios, frecuentemente carecemos de la disciplina personal y la paciencia para esperar a los demás. Necesitamos prestar atención a la exhortación de Pablo para permitir que Cristo forme su carácter en nosotros ubicando a los demás por encima de nosotros mismos y subrayando la disciplina de esperarnos unos a otros.

HONRAR UNOS A OTROS

No era extraordinario en la iglesia del primer siglo que los esclavos dirigiesen las reuniones en las iglesias caseras frente a sus amos quienes escuchaban atentamente. Tal es la naturaleza del cuerpo de Cristo en la cual todos los miembros son importantes, tanto hombres como mujeres. En la antigüedad, las mujeres eran consideradas inferiores a los hombres. Sin embargo Pablo afirma:

...pues todos sois hijos de Dios por la fe en Cristo Jesús; porque todos los que habéis sido bautizados en Cristo, de Cristo estáis revestidos. Ya no hay judío ni griego; no hay esclavo ni libre; no hay varón ni mujer; porque todos vosotros sois uno en Cristo Jesús. Y si vosotros sois de Cristo, ciertamente linaje de Abraham sois, y herederos según la promesa. (Gálatas 3:26-29).

Cristo veía a la iglesia como el lugar donde todos los miembros eran considerados y honrados unos a otros de igual manera. Pablo afirma en Romanos 12:10 "Amaos los unos a los otros con amor fraternal; en cuanto a honra, prefiriéndoos los unos a los otros." La belleza del cuerpo de Cristo radica en que aún el más humilde recibe honra y dignidad.

Honrar a Jesús implica que lo hagamos en las vidas de cada creyente. Cada miembro del cuerpo de Cristo es un hijo escogido del Rey, que vive eternamente con su Maestro. Si honramos al Maestro, debemos asimismo honrar a quienes El escogió.

USAR LOS DONES UNOS CON OTROS

Muchos han sido heridos por la mundanalidad en la iglesia lo que les lleva a afirmar: "no creo en la religión institucional." Y yo estaría de acuerdo de que no necesitamos de una religión institucional. Lo que necesitamos es el cuerpo sobrenatural y orgánico de Cristo donde sus miembros son capacitados para usar sus dones espirituales para ministrarnos unos a otros.

Los dones no son un fenómeno impersonal que las personas ejercen solitariamente. Los dones que Dios otorga a su pueblo son para ministrar unos a otros. Toda vez que la Biblia resalta los dones en el Nuevo Testamento lo hace con la terminología de un *cuerpo*. Los dones, en otras palabras, funcionan con reciprocidad. Cada parte del cuerpo juega un papel tanto en dar como en recibir.

Cada creyente nacido de Nuevo tiene al menos un don. Pedro dice:

Cada uno según el don que ha recibido, minístrelo a los otros, como buenos administradores de la multiforme gracia de Dios. Si alguno habla, hable conforme a las palabras de Dios; si alguno ministra, ministre conforme al poder que Dios da, para que en todo sea Dios glorificado por Jesucristo, a quien pertenecen la gloria y el imperio por los siglos de los siglos. Amén. (1 Pedro 4:10-11).

Sea que tenga dones para hablar (como de enseñar, pastor, profecía) o dones de servicio (como de misericordia, ayudas, dar), lo que Dios desea es que los descubra y los administre bien.

Dios distribuye los dones para edificar y capacitar a Su iglesia. Por eso Dios ubicó el "capítulo del amor" (1 Corintios 13) entre los dos capítulos que describen los dones espirituales (1 Corintios 12 y 14). La motivación para el uso de los dones espirituales es fortalecer en la fe a los demás, no tratar de impresionar o presumir.

SER HOSPITALARIOS UNOS CON OTROS

Iniciamos nuestra tercera iglesia en Moreno Valley, California, usando nuestra casa como base para el lanzamiento. Luchaba en m interior por el constante aluvión de personas en nuestra casa y el resultante desorden. Me resultaba difícil practicar la hospitalidad y debía pasar mucho tiempo de rodillas pidiéndole a Dios paciencia y gracia en el trato con cierta gente. Dios debía recordarme constantemente que mi casa y posesiones no eran mías. Estas le pertenecían a Él quien deseaba usarlas para bendecir a otros.

Al compartir mis luchas con otros, me di cuenta que no estaba solo. Uno de los impedimentos más grandes para el ministerio de grupos pequeños es la falta de hospitalidad.

En los tiempos del Nuevo Testamento las casas de los creyentes eran tanto los edificios de las Iglesias como los hoteles de los ministros y predicadores itinerantes. La hospitalidad era necesaria. Pedro nos dice con urgencia: "Hospedaos los unos a los otros sin murmuraciones." (1 Pedro 4:9).

En la sociedad del presente la hospitalidad se ha vuelto un arte perdido. Las personas son poseídas por sus posesiones insistiendo en su tiempo personal y abriendo cada vez menos sus hogares. Dios llama a los discípulos relacionales a abrir sus corazones y hogares a otros.

Las cosas tienden a poseernos a nosotros mismos. Comenzamos por concentrarnos en las cosas antes que en el propósito de ellas. Cuando Dios nos concede tener una hermosa vivienda, es para usarla en el servicio a otros.

VIGILANCIA

La mayoría de los versículos de unos a otros son positivos. Pero las Escrituras también advierten a los creyentes contra la invasión de la naturaleza pecadora. Y esta naturaleza, como el mismo diablo, está listo para matar, robar y destruir (Juan 10: 10). Dios llama a los discípulos relacionales a reflejar su carácter evitando las tendencias opositoras.

NO MENTIRSE UNO A OTRO

Bernard Madoff fue declarado culpable por una operación financiera fraudulenta llamada esquema Ponzi que fuera la malversación de inversiones más grande de la historia cometido por una sola persona (de acuerdo con los informes casi sesenta y cinco mil millones de dólares en ganancias tramposas). El 29 de junio de 2009 fue sentenciado a ciento cincuenta años de prisión.

Es difícil entender cómo Bernard Madoff pudo estafar miles de millones de dólares a amigos, familiares, inversores sabiendo todo el tiempo que les estaba robándoles su dinero. Probablemente Madoff sentiría cierto tipo de regocijo y poder por impresionar a las personas con su esquema productor de dinero. Pienso que nunca lo sabremos.

Como Madoff, nuestra naturaleza pecadora se consume proyectando cierta imagen para impresionar a las personas. Nuestra nueva naturaleza, por el contrario, descubre su realización y estima en Jesús, en quien no tenemos necesidad de mentir o engañar. Jesús dijo en Juan 3:20-21:

> Porque todo aquel que hace lo malo, aborrece la luz y no viene a la luz, para que sus obras no

sean reprendidas. Mas el que practica la verdad viene a la luz, para que sea manifiesto que sus obras son hechas en Dios.

Nuestra nueva naturaleza, por el contrario, descubre su realización y estima en Jesús, en quien no tenemos necesidad de mentir o engañar.

Quienes vienen a la luz saben que no pueden ocultar nada frente al omnisciente Dios. Es imposible. Y como no podemos ocultar nada de Dios, es inútil intentar ocultar cosas unos de otros. En Colosenses 3:9 Pablo dice: "No mintáis los unos a los otros, habiéndoos despojado del viejo hombre con sus hechos..."

La luz y las mentiras no se mezclan. Las mentiras buscan las sombras. La verdad vive en la luz. Y las Escrituras llama a los creyentes *hijos de luz*. Ya no estamos en la oscuridad porque Cristo nos ha liberado.

NO PELEARSE UNOS CONTRA OTROS

Antes de dar una conferencia en Belfast, tuve la oportunidad de recorrer sus calles. Inscripciones pintadas marcaban los edificios y subterráneos que separaban los sectores católicos de los protestantes de la ciudad.

Muy recientemente esa parte del mundo experimenta algo de curación por las heridas ocasionadas por la guerra. Pablo dice: "Pero si os mordéis y os coméis unos a otros, mirad que también no os consumáis unos a otros." (Gálatas 5:15). Las disensiones y conflictos crean más desorden. La amargura conduce a más amarguras. Pablo le dice a la iglesia que deben detenerlo. Resistir el morderse y comerse unos a otros y dejar que el amor vuelva a imperar. Pablo da el siguiente consejo a su hijo espiritual Timoteo:

> Porque el siervo del Señor no debe ser contencioso, sino amable para con todos, apto para enseñar, sufrido; que con mansedumbre corrija a los que se oponen, por si quizá Dios les conceda que se arrepientan para conocer la verdad, y escapen del lazo del diablo, en que están cautivos a voluntad de él. (2 Timoteo 2:24-26).

Como creyentes no somos inmunes al vicioso ciclo de "morderse y comerse." Pero al crecer en Cristo, nos damos cuenta cuan improductivo es dar lugar al enojo y la amargura. Los discípulos relacionales saben que Dios no es honrado por el odio y eligen seguir el rumbo de la paz y el amor.

NO ENVIDIARSE UNOS A OTROS

La envidia es parte de la naturaleza pecaminosa en la lista de Gálatas 5:19-21. La envidia frecuentemente es un pecado secreto que devora el alma. Pablo les pide a los creyentes escoger un rumbo diferente: "No nos hagamos vanagloriosos, irritándonos unos a otros, envidiándonos unos a otros." (Gálatas 5:26). A menudo nos volvemos envidiosos cuando nos olvidamos que El ubica a los miembros en su Cuerpo como le place. Cuando olvidamos este hecho, comenzamos a compararnos entre nosotros deseando los dones y posiciones fuera de la voluntad de Dios.

El Espíritu Santo desea darnos un espíritu de generosidad y respeto a otros. La oración del creyente debe ser: "Señor concédeme la libertad de la envidia y la capacidad de valorar verdaderamente a los demás." Solamente Cristo en nosotros puede darnos la capacidad para verdaderamente valorizar a otros, cambiando la envidia por honor y respeto.

Es muy refrescante ver al creyente resistir la tendencia a la envidia y por el contrario elevar a otros. Mi hermano Jay es así. Mi madre y yo bromeábamos diciendo: "Jay no tiene ni un hueso de celo en su cuerpo." Jay siempre está elevando a los demás. Pareciera tener siempre en su mente los mejores intereses de los demás.

NO JUZGARNOS UNOS A OTROS

CS Lewis dijo una vez que el orgullo es rebajar a otros para hacernos lucir bien. El orgullo, en otras palabras, pone en evidencia que juzgamos a los demás. El proceso de pensamiento es: "la verdad que yo estoy bien en comparación con el otro." Pablo les pide a los creyentes que tomen una senda superior al decir: "Así que, ya no nos juzguemos más los unos a los otros, sino más bien decidid no poner tropiezo u ocasión de caer al hermano." (Romanos 14:13).

Recientemente estuve en una iglesia en la cual sentí el amor de Dios en la congregación.

Al pasar tiempo con el liderazgo de la iglesia me di cuenta que un valor clave evidente en medio de ellos es la negativa a criticarse unos a otros y el compromiso de hablar positivamente unos de otros. La atmósfera de afirmación de la iglesia atrae personas como si fuera un imán, Y en definitiva Jesús es glorificado.

Las personas reciben suficiente crítica tanto de sus propias conciencias como de otros a su alrededor. El mundo, la carne y el demonio se especializan en menospreciar a los demás. Pablo dice:

> Así que, no juzguéis nada antes de tiempo, hasta que venga el Señor, el cual aclarará también lo oculto de las tinieblas, y manifestará las intenciones de los corazones; y entonces cada uno recibirá su alabanza de Dios. (1 Corintios 4:5).

El juicio le pertenece a Dios. Sólo Él conoce y ve la historia completa. Somos tan limitados en lo que sabemos y percibimos que es mucho mejor dejar el juicio en sus manos, sabiendo que El rebelará todas las cosas en su tiendo.

CAPACITACIÓN DIVINA

Aunque vivimos en este mundo, nos pertenecemos unos a otros. El orden del nuevo mundo es radicalmente diferente a este. Sigue diferentes reglas y directrices.

Las buenas nuevas es que Dios nos llena con el Espíritu Santo para hacernos comprender la Biblia. Y tan importante como eso, nos da el poder para cumplir con lo que la Biblia enseña.

Una de las maneras por la que Dios nos transforma es por medio de conflicto. Creo que Dios permite el conflicto en nuestras vidas para forjar amor y comunidad unos con otros. Es muy fácil cantar canciones acerca del amor, servicio, o humildad. Pero es otra historia practicar estas disciplinas en el medio de una batalla, cuando todas las emociones claman "de ninguna manera." En el capítulo siguiente veremos cómo Dios nos moldea en discípulos relacionales por medio del conflicto.

4

TRANSFORMADOS POR EL CONFLICTO

En 2001, lideraba un grupo pequeño y sentía que todo estaba yendo muy bien. Con mi esposa estábamos creciendo en amistad con una pareja que venía a nuestra iglesia. Pero el esposo tenía problemas conmigo que yo no sabía.

Un día el esposo anunció que dejaba el grupo pequeño debido a problemas personales conmigo. Respeté su candor, honestidad y valentía para decir lo que pensaba. Pero al mismo tiempo me sentí aplastado emocionalmente porque no tuve la oportunidad de reparar la relación o aprender de mis errores.

Sentí pena y dolor con su salida, no porque tuviese un problema conmigo, sino porque no pude trabajar el tema consigo. No me dio la oportunidad, para cambiar, mejorar, o crecer como persona. Simplemente se fue.

Mientras lidiaba con la situación Dios me mostró que una verdadera comunidad implica enfrentar problemas y confrontar temas conflictivos. Crecemos más al comunicarnos abiertamente, recibir dirección, hacer cambios en medio del camino, y continuar creciendo en las relaciones.

Dios obra por medio del conflicto para transformar a sus discípulos. Los usa para moldear y formarnos. Los conflictos con nuestros hermanos y hermanas nos prueban en nuestro carácter cristiano y finalmente nos fuerza a pasar tiempo en nuestras rodillas, pidiendo al Espíritu Santo por ayuda. En tales tiempos descubrimos nuestra necesidad por Dios sabiendo que no podemos amar y perdonar a todos sin Su poder obrando en nuestro ser.

Recuerdo a un predicador decir: "¿Desean aprender a amar a alguien?" Tenga un conflicto. Es en la esfera de los conflictos personales donde nuestro amor es probado. Conectarnos con Dios es la parte fácil. Después de todo es por gracia por medio de la fe. El paso más difícil es conectarse con las personas.

NO HUYA

Los conflictos normalmente surgen al cruzarnos con diferentes personalidades y deficiencias de carácter—muchas veces las deficiencias de carácter que más nos molestan son las que compartimos, pero que muchas veces no queremos o no podemos reconocerlas.

Podemos ver ira, impaciencia, murmuraciones, infidelidades o personalidades peculiares. Cuando enfrentamos esos problemas, la tendencia es huir o ignorar el problema. Muchos conocemos personas que nunca realmente enfrentan sus problemas interpersonales. Huyen de una relación rota a la próxima.

Jill (no su verdadero nombre) era así. Antes de Cristo, tenía una profunda depresión y trató de suicidarse muchas veces. Jesús cambió la vida de Jill, y comenzó progresar grandemente, pero los problemas persistían.

Tenía problemas para comunicarse con otros y tenía la tendencia a culpar a los demás por sus propias deficiencias. Los problemas siempre eran la falta de otros. Yo sabía de la tendencia de Jill pero pensé que las relaciones entre nuestras familias era algo diferente.

Hasta que chocamos. Los problemas que ocurrieron podían ser resueltos. Probé muchas veces de reconciliarnos. No hubo acuerdo. Rápidamente juntó sus cosas y abandonó emocionalmente la relación y algo más tarde la iglesia también.

Muchas veces me pregunté por qué reaccionó de esa manera. ¿Podía ser un mecanismo de defensa retirarse para evitar más dolor? Ella usó ese método con su madre que era deficiente mental, de manera que se había vuelto algo natural.

Jesús aún está obrando en Jill, y su historia no está terminada aún. El desea entrar en el tremendo vacío que hay en su corazón y sanarla completamente.

Es fácil huir de los problemas, pero eso no los resuelve. Muchas veces las personas saltan de iglesia en iglesia para evitar la pena de tratar con el conflicto relacional. Tan pronto como las personas o el pastor se enteran, convenientemente van a otra iglesia.

Mi consejo es que no huyan a una iglesia diferente con sus dolores y problemas no resueltos. Es mejor quedarse y dejar que Dios obre dentro de la persona. Mike Mason escribe: "El estado de desamor muchas veces es el resultado de nuestra inhabilidad para confrontar a los demás de una manera sana. Hay un tiempo y una lugar y manera para confrontar, pero muchos rehuimos esta importante tarea y terminamos todo en una explosión de ira."[31] Escapar nunca es la respuesta. Jesús nos moldea por medio de la confrontación de dificultades de personalidades. Y, por cierto, las vamos a enfrentar.

Es fácil huir de los problemas, pero eso no los resuelve.

TENER SUFICIENTE INTERÉS COMO PARA CONFRONTAR

Hace unos pocos años atrás estaba asistiendo a una conferencia en Indonesia. Yo no era uno de los conferencistas. El organizador del evento me dijo que tendría la oportunidad de anunciar mi nuevo ministerio

Joel Comiskey Group (Grupo de Joel Comiskey). Me reuní con el organizador para el desayuno y pensé que me iba a dar la oportunidad de decir unas pocas palabras. Al menos ese era el plan. Me sentí desilusionado cuando no me llamó para pasar al frente. Antes bien, burlándose dijo: "Ah, sí, Joel tiene un nuevo ministerio llamado *Joel Comiskey Group (Grupo de Joel Comiskey)*. Así que puede ir a su mesa para inscribirse si está interesado. Parece que Joel tiene todas las soluciones, ja, ja, ja."

Dos cosas me hicieron reaccionar rotundamente. Primero, no me permitió hacer el anuncio. Realmente esperaba poder saludar a las personas en la conferencia. Y en segundo lugar, socarronamente hizo un comentario sarcástico de mi nuevo ministerio.

¿Cuál fue mi reacción? ¡Ira! Me quedé en mi cuarto aquella noche y no fui a la celebración. Me sentía profundamente herido. Corté la comunión con otros escondiéndome en mi cuarto, cuando debería haber hablado inmediatamente con la persona directamente. Muchas veces medito en mi conducta durante el evento y la uso como incentivo para no repetir tal inmadurez.

No hablé con esa persona sino dos años después, ya era demasiado tarde. El recibió lo que tenía que decir con amorosa aceptación diciendo: "Creo que hago demasiados chistes y necesito ser más sensible con los demás. Me siento verdaderamente arrepentido y por favor la próxima vez ten la libertad de hablar conmigo." Llegamos a ser Buenos amigos como resultado de la comunicación abierta y hemos colaborado en varias aventuras.

Aprendí mi lección con este hermano. Cuando hay un conflicto hablo con él inmediatamente y él hace lo mismo conmigo. Hemos crecido como discípulos por medio del conflicto.

Muchas veces las personas separan ser sensibles de confrontar. Ser sensibles está bien, confrontar está mal. David Augsberger, sin embargo, considera que ambos van juntos. Ha acuñado la palabra sensi-frontación (care-fronting). Augsberger dice:

> Sensi-frontación es ofrecer genuina sensibilidad que ofrece al otro madurar... Sensi-frontación es ofrecer real confrontación que hace brotar una nueva perspectiva y comprensión... Sensi-frontación une amor y fuerza. Sensi-frontación unifica la preocupación por las relaciones con la preocupación por las metas. De manera que tenemos algo que valoramos (metas) como asimismo alguien con quien nos relacionamos sin sacrificar uno por el otro o colapsando uno en el otro.[32]

Muchas personas viven con el axioma: "evita a toda costa el conflicto." Pero el conflicto y el desacuerdo han de acontecer de cualquier manera sin importar lo que las personas hagan o cuán bien lo hagan. Un proverbio chino declara: "El diamante no brilla sin fricción y el hombre no es perfeccionado sin pruebas."

Callarse la boca y jugar a ser "amable" cuando debiera compartir una verdad no sirve el mejor interés del otro. La Biblia dice en Efesios 4:15 (LBLA): "sino que hablando la verdad en amor, crezcamos en todos los aspectos en aquel que es la cabeza, es decir, Cristo,.." Los conflictos relacionales nos fuerzan a entrar a la presencia de Dios como ninguna otra cosa lo hará. Nos volvemos altamente dependientes en El gracias a esas pruebas. Me acuerdo de mi propia experiencia como misionero en Ecuador. Me hallaba emocional y espiritualmente desalentado en algunos momentos debido a un conflicto relacional con otros misioneros. Estoy seguro que los otros se sentían de la misma manera porque yo no era muy sensible. A pesar y gracias a eso maduré como misionero y crecí como discípulo de Cristo.

PERDONAR A QUIENES LE OFENDEN

Por todos lados encontramos personas amargadas. Pueden ser nuestros vecinos, compañeros de trabajo o familiares. Son personas generalmente buenas que han trabajado duro en algo importante, como un trabajo, relación o actividad. Cuando algo inesperadamente horrible les sucede: no obtienen la promoción que esperaban, su cónyuge les pide el divorcio, o fallan en su intento de ser parte del equipo para las olimpíadas. – un profundo sentimiento de injusticia se apodera de ellos. En lugar de tratar esa pérdida con la ayuda de la familia y amigos, se sienten presa de un sentimiento de víctima. Casi inmediatamente luego del evento traumático, se enojan, se vuelven pesimistas y antagonistas.

Esa amargura que envuelve sus vidas no viene de la noche a la mañana. Comienza pequeña y crece. Antes de ser un hábito consumidor, es un pasatiempo de una escala inferior. Pero la amargura, alimentada por fuerzas demoníacas, nunca intenta permanecer pequeña. Desea poseer a sus víctimas para finalmente controlarles completamente.

Si había alguien que merecía guardar amargura contra alguien, ése era José. José había tenido que elaborar la muerte de su madre (Génesis 35:19), y enfrentar el odio de sus hermanos (Génesis 37:4). Trataron de matarle pero terminaron vendiéndole a una banda de traficantes de esclavos que iban de camino a Egipto. Pero como si eso fuera poco, en Egipto José fue traicionado nuevamente, esta vez por la esposa de su amo. Ella lo acusó de adulterio (Génesis 39:14-15). Tuvo que languidecer en la prisión debido a esta falsa acusación. Pero luego en la prisión el principal del Faraón le prometió ayudarle a salir (Génesis 39–40). Pero esa promesa nuevamente fue aplastada debido al olvido del oficial.

Sin embargo a pesar de toda la pena y sufrimiento, José mantuvo su mente en el amor y la gracia de Dios. Nunca permitió que su corazón se endureciera. Por medio de todas sus pruebas, Dios tenía un plan que cumplir. Elevó a José hasta ser el Segundo en jefe después del Faraón (Génesis 41). La clave en la vida de José que debemos aprender es que nunca permitió que la amargura envenenase su vida.

Entonces, cuando Dios elevó a José, él pudo conducir con libertad y darse a sí mismo. De igual manera, vivimos en un mundo pecaminoso e injusto, lleno de pena, abandono, abuso, temor, prejuicios, heridas, soledades, rechazos, resentimientos e ira.

La manera de evitar el hábito de vivir con resentimientos es rechazarlo inmediatamente.

Puede que esté luchando con quienes les hayan hecho mal. Pero recuerde las palabras de Jesús: "Y cuando estéis orando, perdonad, si tenéis algo contra alguno, para que también vuestro Padre que está en los cielos os perdone a vosotros vuestras ofensas." (Marcos 11:25). La manera de evitar el hábito de vivir con resentimientos es rechazarlo inmediatamente.

En 1985 era el único pastor de una iglesia nueva llamada Hope Alliance (Iglesia de la Alianza, Esperanza), y en medio de mi lucha desesperadamente anhelaba afirmación. Cierto día recibí la llamada de Anne, una de nuestros miembros. Pensé que necesitaría apoyo espiritual u oración. Pero me sorprendió cuando Anne comenzó a dirigir sus quejas en mi contra diciendo que yo era un fracaso, que nadie me quería, y que debía mejor dedicarme a otra cosa que al ministerio pastoral. Sus palabras calaron hondo en mi sensible alma. La herida pronto se volvió amargura. Me sentí completamente resentido al conducir desde Long Beach a Fresno en California para asistir a una conferencia de Evangelismo. Me acuerdo que magullaba sus palabras a lo largo del camino. Justo antes de llegar a Fresno, la amargura estalló. Tuve que detener el automóvil y clamar a Dios.

En ese momento escuché claramente la voz de Dios susurrando en mi corazón: "Joel, si no estás dispuesto a perdonar a Anne, entonces no voy a perdonar tus pecados." Abrí mi Biblia y leí estas palabras de Jesús: "Porque si perdonáis a los hombres sus ofensas, os perdonará también a vosotros vuestro Padre celestial" (Mateo 6:14). Luché con Dios. ¿Cómo podía perdonar a esta mujer que me había hecho tanto mal y herido tan profundamente? Pero al mismo tiempo me daba cuenta que no podía vivir en amargura. Dios ganó aquella tarde. Me llenó con su amor, poder y perdón. Me concedió la gracia de perdonar. Al volver a Long Beach, descubrí que Anne era una persona que tenía profundas heridas y sus comentarios solamente reflejaban ese dolor. Muchas veces no sabemos por qué las personas reaccionan y nos hieren. Pero Dios aún así nos llama a perdonar.

Ya pasaron catorce años desde que Dios me llamar a perdonar a Anne, pero aún El está enseñándome en ese arte. Recientemente mi esposa y yo tuvimos una discusión acerca de nuestros papeles en el matrimonio y ella me reveló que se sentía presionada por mí. Lo conversamos y ella lloró por un tiempo. Pero luego comencé a sentir amargura. Pensé: *Hizo que mi día sea miserable. ¿Por qué tenía que decirme que yo la estaba presionando demasiado?* Dentro de mí brotaba auto justificación y amargura. Debía haberlo rechazado inmediatamente pero dejé que creciera. Me sentí atrapado emocionalmente. Pero interiormente me dije: *Ella me puso ahí así que le voy a devolver la moneda.*

Aquella noche me fui a dar una larga caminata. Dios me habló claramente. Me mostró que era mi culpa. Después que todo pasara nos pedimos perdón y nos perdonamos mutuamente.

Confesé mi amargura al Señor, su sangre me limpió y su refrescante paz fluyó en mi interior. Volví a casa después de la caminata, abracé a mi esposa y la besé y continuamos en un compañerismo más profundo.

Tiendo a castigar a la gente con mi falta de perdón. Prefiero permanecer herido porque me hace sentir justificado. Me digo a mí mismo: *Esa persona me hizo mal y no la voy a dejar salirse con las suyas tan simple.* Entonces Dios viene a mi recordándome las palabras de Pedro: "Mas el fin de todas las cosas se acerca; sed, pues, sobrios, y velad en oración. Y ante todo, tened entre vosotros ferviente amor; porque el amor cubrirá multitud de pecados." (1 Pedro 4:7-8). La palabra *"ferviente"* en griego quiere decir "esforzarse al máximo." Denota la actividad de un músculo de un atleta tensionándolo al máximo.

El perdón muchas veces requiere el esfuerzo y ejercicio de músculos que ni siquiera sabía que existían. He descubierto por medio de la experiencia que solamente el Espíritu Santo puede capacitar a una persona cubrir los pecados de otros por medio del perdón. Este tipo de amor no viene natural sino sobrenaturalmente. Lo natural son los instintos de amargura y venganza.

Necesitamos pedir al Espíritu Santo que nos transforme, dándole la libertad de revelarnos las áreas de nuestras vidas donde necesitamos sanación. Necesitamos creer que Dios nos dará el poder para perdonar a quienes nos hayan causado heridas y penas.

Las buenas nuevas es que al recibir el perdón de Cristo nos otorga la capacidad de perdonar a los demás. Las Escrituras dicen esto acerca de Jesús: "Mas él herido fue por nuestras rebeliones, molido por nuestros pecados; el castigo de nuestra paz fue sobre él, y por su llaga fuimos nosotros curados." (Isaías 53:5). Reciba el perdón y entonces entréguelo a la persona que le ha ofendido. Larry Crabb dijo:

> Asimismo debemos con prontitud enseñar que en la expiación hay perdón, con el perdón hay conexión, y con la conexión la comunidad de fe, una comunidad destinada a traer la bendición de una conexión perfecta y eterna. El punto de todo el plan son las relaciones interpersonales, una comunidad conectada.[33]

Jesús ofrece una corona de gloria en vez de cenizas, el aceite del gozo en vez del luto, manto de alegría en lugar del espíritu angustiado (Isaías 61:3). Jesús desea quitarnos la carga de nuestras espaldas.

REEDIFICAR LA CONFIANZA

Serví en una iglesia cuyo pastor principal había fallado moralmente lo que hizo que muchos dejaran la iglesia. Este pastor confesó su pecado a la iglesia y yo continué trabajando con él.

Mi nueva relación con él sin embargo ya no era la misma. No tenía ya la misma confianza pues me preguntaba si no volvería a caer. Antes de su caída me había impresionado cuando francamente había compartido su aridez y falta de tiempo con Dios. Luego de su caída comencé a preocuparme cuando compartía tales cosas. El barómetro de mi confianza había descendido a lo mínimo.

Perdón y confianza no son la misma cosa. La confianza toma tiempo para ser re-edificada. No siempre volvemos a ganar confianza, pero siempre debemos perdonar. Un amigo mío había sido herido profundamente por su jefe (y amigo personal) quien lo echó sorpresivamente. Aconsejé a mi amigo no guardar rencor, sabiendo que él sería el único destruido. Me alegré cuando me escribió:

Lo sé y he perdonado a __. Oro para que mi sanación alcance a mi confesión y créeme estoy mucho mejor. No me es posible volver a tener la relación que antes tuve. No por el tema del perdón, sino de la confianza. Estoy tratando lo mejor que puedo ante Dios de proseguir sin rencores, ira o malicia, y creo que lo he logrado. No puedo permanecer rencoroso y sin perdonar y pretender que Dios me guíe en el futuro. El perdón, sin embargo, no quiere decir que las cosas van a ser como antes. Pero quiere decir que he dejado estas heridas y sentimientos al Señor y estoy en el proceso de que El me sane.

La pregunta de cuándo uno ha perdonado a una persona es difícil de contestar. No quiere decir que olvida la ofensa. Es prácticamente imposible olvidar los recuerdos dolorosos del pasado.

Sin embargo el perdón puede ser medido por cuánto entretiene los malos sentimientos que vienen de ese recuerdo. Si alguien le hirió, usted necesita abandonar esa memoria dolorosa al momento que viene a su mente. Y es muy común que frecuentemente traerá a la memoria muchas veces ese momento doloroso. No sólo una o dos veces. La ofensa que Anne me había infringido surgía en mi mente muchas veces aún luego de haberla perdonado, pero entonces me acordaba mi compromiso a abandonarla.

PERDONAR Y PERDONADO

Llegar a ser un discípulo relacional implica perdonar a otro pero también pedir que otros le perdonen. Proverbios 6:2-5 dice:

"Te has enlazado con las palabras de tu boca, y has quedado preso en los dichos de tus labios. Haz esto ahora, hijo mío, y líbrate, ya que has caído en la mano de tu prójimo; ve, humíllate, y asegúrate de tu amigo. No des sueño a tus ojos, ni a tus párpados adormecimiento; escápate como gacela de la mano del cazador, y como ave de la mano del que arma lazos."

Si ha hecho mal y lo sabe, no permita que su orgullo le convenza de que es algo sin importancia. No. Vaya a la persona que ha ofendido y pídale perdón. Jesús dijo:

"Pero yo os digo que cualquiera que se enoje contra su hermano, será culpable de juicio; y cualquiera que diga: Necio, a su hermano, será culpable ante el concilio; y cualquiera que le diga: Fatuo, quedará expuesto al infierno de fuego. Por tanto, si traes tu ofrenda al altar, y allí te acuerdas de que tu hermano tiene algo contra ti, deja allí tu ofrenda delante del altar, y anda, reconcíliate primero con tu hermano, y entonces ven y presenta tu ofrenda." (Mateo 5:22-24).

Aunque su hermano elija no perdonarle usted ya ha sido perdonado por Dios y ha hecho lo que Él le demandaba.

Dios desea bendecirnos por medio de este proceso. Desea liberarnos de las heridas y el rencor que viene de la falta de perdón. El perdón es la fuente de bendiciones no solamente para la otra persona sino para nosotros mismos también.

Las Escrituras claramente enseñan que Dios desea moldearnos como discípulos relacionales. En la próxima sección trataré de responder qué implica eso prácticamente.

SecciónDos

LA PRÁCTICA DEL DISCIPULADO RELACIONAL

5

LA PRÁCTICA DEL DISCIPULADO RELACIONAL DENTRO DEL CÍRCULO ÍNTIMO

Estuve observando en la televisión el anuncio del divorcio de un equipo pastoral/predicadores formado por un matrimonio muy conocido públicamente. Contaron a su iglesia que se estaban divorciando pero que continuarían ministrando normalmente. El continuaría pastoreando la iglesia y ella se mudaría a otro estado donde dirigiría su ministerio para-eclesiástico reconocido nacionalmente.

"Están comportándose como si nada ocurriese," pensé para mí mismo. "¿Hemos descendido a tal abismo que nuestro cristianismo ya no funciona en los niveles más íntimos de nuestras vidas?"

Puedo imaginarme que algunos en la congregación se habrían sentido justificados al oír las noticias aquella mañana. Después de todo, quienes estuvieron aquella mañana en la iglesia habrían experimentado el divorcio al mismo ritmo de los que no habían asistido. Mark Galli escribe,

> . . . la proporción de divorcios entre los evangélicos casi no se distingue de la cultura general y la lista de razones tampoco parecen ser diferentes: '"Nos hemos distanciado.'" '"Ya no nos satisfacemos mutuamente.'" '"Diferencias irreconciliables.'" El lenguaje del divorcio generalmente habla de la falta de satisfacción personal.[34]

Uno de los más tristes elementos de la cultura occidental es la ruptura entre las vidas públicas y privadas. Se considera aceptable decir: "No me importa lo que él o ella haga en privado, no es mi incumbencia."

Pero si es de la incumbencia de Dios, a El sí le importa.

No está interesado en el éxito público sin victoria privada. Ambos van de la mano. Por cierto, Cristo les dio prioridad en sus enseñanzas a sus doce discípulos por tres años, de manera que luego pudiesen pasar la "prueba de la multitud." Deseaba que esos pocos pudiesen poner en práctica Sus Palabras en la vida y acción diaria.

Al concentrarse en ellos pudo eventualmente alcanzar las multitudes. Pero necesitó enfocarse en la calidad primero. La calidad traería la cantidad. Esta concentración en los doce gana significado al ver que las multitudes querían forzarlo para hacerlo rey (Juan 6:15). Aún los fariseos admitían que el mundo se había ido tras El (Juan 12:19).

Cristo se preocupa por el éxito de sus relaciones entre quienes están cerca suyo, a quienes conoce mejor. Si no somos moldeados por las relaciones de quienes nos ven íntimamente y a quienes rendimos cuenta, las inconsistencias en nuestras almas eventualmente serán expuestas.

En el próximo capítulo trataré este tema en relación al grupo pequeño, o sea la iglesia en su micro ambiente. Al ampliarse el círculo, éste abarca la iglesia local y finalmente el círculo de las misiones.

QUIENES ESTÁN CERCA SUYO

Asistí a Hombres de Promesa en julio 1996 donde escuché por primera vez a John Maxwell hablar acerca del verdadero éxito. Dijo: "El verdadero éxito se ve cuando quienes están más cerca tuyo son quienes te aman y respetan más que todos los demás."

La receta del éxito de Maxwell proviene de la estrategia de Cristo: comienza en el círculo íntimo y crece de allí hacia afuera.

No comprendí de inmediato el alcance de las palabras de Maxwell aquella vez, pero con el tiempo he tenido tiempo para reflexionar en mi vida, ministerio y relaciones. Las palabras de Maxwell me han ayudado a dar prioridad a lo que importa en la vida.

> *"El verdadero éxito se ve cuando quienes están más cerca tuyo son quienes te aman y respetan más que todos los demás."*

Y aunque la comunidad abarca muchas áreas de nuestras vidas, las relaciones de comunidad más importantes son las íntimas. Si la comunidad no funciona allí, no funcionará en ninguna otra parte.

¿Quienes pertenecen a su grupo íntimo? Sólo usted pude responder dependiendo de la etapa de su vida.

Si está casado, considero que su cónyuge debe estar en primer lugar. Si es hijo, sus padres, hermanos, hermanos y amigos íntimos. Si está divorciado con hijos, ellos debieran ser la prioridad. Si es un estudiante de universidad, posiblemente su círculo íntimo sean los creyentes con quienes se reúne regularmente.

Si no tiene un círculo íntimo pídale a Jesús que le ayude a formar uno. Le dirigirá a una o más personas con quienes pueda tener una amistad cercana y una relación de rendición de cuentas.

Creo que Dios usa en primer lugar la comunidad del círculo íntimo para moldear y formar a sus discípulos. Es con ellos con quienes primeramente debe practicar los "unos a otros" con éxito, creciendo por medio del conflicto y usando otros de los conceptos que discutimos en este libro. Algunos desean comenzar con la multitud. Anhelan estar al frente de las personas. Pero el plan de Dios es comenzar en lo pequeño. Dios moldea a sus discípulos por medio de quienes tienen un conocimiento íntimo de nuestras vidas y ministerios.

PRIORIDADES

Tengo el privilegio de hablar a multitudes alrededor del mundo. No conozco a quienes saludo por primera vez. Posiblemente han leído alguno de mis libros y espero haberles impresionado positivamente al hablar. Pero ellos no conocen mi verdadero yo. Y yo no les conozco.

Sin embargo, mi esposa y mi familia me conocen íntimamente. Ven a Joel Comiskey íntimamente y saben cómo traslado mi fe a mi vida diaria. Ven cómo trato las circunstancias de todos los días. Con quienes tenemos una relación íntima la vida cristiana debe ser vivida, no conversada. Las palabras son secundarias a la acción y al estilo de vida.

La obra de gracia de Dios comienza en el círculo íntimo. Es en ese círculo donde recibo crítica, verdadero aliento, y donde hago las correcciones necesarias. Al pasar la prueba del círculo íntimo, Dios entonces me puede usar en más amplias esferas de influencia.

SU CÓNYUGE

La primera conexión en mi círculo íntimo es mi relación con Celyce. Nos casamos el 13 de febrero de 1988. Ella sabe cómo reacciono ante las circunstancias de la vida. Conoce todas las razones detrás de mi vida y ministerio, y su consejo se basa en los patrones y experiencias que solamente ella conoce. Dios me usa para perfeccionarle a ella también.

Mi deseo es ser el mejor esposo posible y desarrollar con Celyce la relación más profunda e íntima. Ella no es parte de mi ministerio, ella es mi ministerio.

Me entristece pensar que durante ciertos períodos de nuestro matrimonio actué como si mi meta principal era obtener éxito personal y como que si el matrimonio hubiera sido para mi propio beneficio. Esperaba que ella se "alinease" y me ayudara en mi ministerio. Dios me ha mostrado lenta y graciosamente que Celyce es mi ministerio número uno. Las más importantes preguntas que debo preguntarme son:

- ¿Siente ella que estamos mejorando en nuestra relación?
- ¿Nos divertimos juntos?
- ¿Paso tiempo de calidad con ella?
- ¿Crecemos en nuestra amistad?
- ¿Tengo la sensibilidad de ver las cosas a través de su mirada?

Necesitamos poner diligencia en nuestra relación. Los conflictos pueden surgir en cualquier instante. Por cierto el conflicto es una parte clave en el proceso del discipulado, como lo hemos visto en el capítulo anterior. La intensidad del matrimonio lleva esos conflictos a un nuevo nivel.

En el matrimonio ambos pedimos que Dios nos conceda gracia para pedir perdón, confesar nuestros pecados y seguir avanzando. Nos gozamos que nuestro amor y relaciones crecen más profundamente todo el tiempo.

Dios puede estar usando su esposa para llevarlo a estar de rodillas. Deberá pedir a Dios por gracia y perdón. Creyendo que Dios le está moldeando y formando.

Algunos quienes leen este libro han experimentado la ruptura del círculo íntimo debido a un divorcio, muerte, o alguna tragedia. Dios es poderoso para reiniciar el proceso y darle un nuevo círculo íntimo. Puede ser que haya fallado en su relación con sus hijos, que se haya conducido mal con sus padres, o desasociado con amigos íntimos, por cualquier razón. Sin importar la situación, la gracia de Dios es suficiente y su amor reforma las vidas.

Mario, un amigo mío, era un pastor exitoso en Long Island, New York. Su iglesia había crecido mucho. Pero entonces su círculo íntimo comenzó a sufrir. Su esposa fue diagnosticada con depresión bipolar y comenzó a tener relaciones con otra mujer.

Mario lo intentó todo por salvar su matrimonio, incluso meses de consejo bajo el cuidadoso escudriño del superintendente bautista. Su esposa continuó su relación lésbica y finalmente se divorció de Mario. Luego se le pidió que dejase la iglesia. Puede imaginarse la tremenda oscuridad que Mario enfrentó en ese momento. Por la gracia de Dios sus hijos vieron la fidelidad de su papá y permanecieron fieles a Jesús.

Con el tiempo Mario se casó con Nancy, una preciosa mujer cristiana, y continuaron trabajando en el mundo secular. Su llamado al ministerio movía su corazón y años más tarde respondió al llamado de Dios para volver al ministerio pastoral.

Me llenó de gozo enterarme que una iglesia evangélica en Texas contrató a Mario luego de examinar su reconstruido mundo íntimo. La iglesia vio cómo Dios había usado su tragedia para hacerlo más fuerte.

He estado en contacto con Mario de manera regular. Ahora muestra una gran compasión por las personas. Caminó con Dios por el valle y salió más fuerte y sabio. Puede ayudar a otros en tiempos difíciles porque Dios le ayudó a él.

La verdad es que tragedias golpean a las familias y matrimonies todo el tiempo. Pero la buena noticia es que Dios reconstruye los círculos íntimos, como lo hizo con Mario. Cristo puede volver una situación oscura en un brillante ejemplo.

Dios es el Dios de esperanza. Le gusta mostrar su fortaleza en la debilidad y fracaso. Le quiere hacer un discípulo relacional que impacte las vidas de muchos.

La verdad es que tragedias golpean a las familias y matrimonies todo el tiempo. Pero la buena noticia es que Dios reconstruye los círculos íntimos.

FAMILIA

Me acuerdo haber comido con un misionero que me contó que su papa, un ministro internacional, detuvo su ministerio por un año para pasar tiempo consigo durante sus años de lucha personal. Admiro el compromiso del padre al poner el bienestar de su hijo por encima de su propio éxito ministerial. Tristemente muchos no lo hacen. Ubican su propio éxito en la vida por encima de las relaciones con sus hijos.

Al recorrer el mundo muchas veces me encuentro con padres que se lamentan porque uno o más de sus hijos ya no siguen a Jesús. Ciertamente no les condeno. Al escribir este libro mis hijos tienen dieciocho, quince y trece años. Me gozo poder compartir que siguen apasionadamente a Jesús y le sirven, pero paso mucho tiempo de rodillas pidiendo a Dios que continúe obrando en sus vidas.

CRECIMIENTO ESPIRITUAL

Creo que la meta más importante que tenemos para nuestros hijos es que amen al Señor con todo su corazón, alma y fuerza. Este es mi mayor deseo para mis hijos. Deseo asegurarme que paso la batuta de la fe Cristiana a ellos y que continúen siendo discípulos apasionados de Cristo.

Para asegurarme que eso ocurra, conduzco los devocionales con mis hijos casi todos los días desde que mi hijo mayor tenía tres años. He adaptado mi estilo devocional en la medida que fueron madurando. Nuestro tiempo devocional incluye adoración, oración y un momento de silencio para que Jesús nos hable. Luego, pregunto a cada uno de ellos lo que Dios les ha mostrado. Luego comparto lo que Dios me ha mostrado en la Palabra, tratando de compartirlo a su nivel. En la medida que fueron creciendo ellos compartían durante nuestro tiempo devocional lo que Dios les mostraba en sus propios devocionales.

Me sorprende que haya padres que no toman el tiempo para desarrollar espiritualmente a sus hijos. No lideran espiritualmente. Dejan ese liderazgo en las manos del líder de jóvenes, maestro de la Escuela Dominical, u otro. Asimismo luego se lamentan cuando sus hijos pierden su vigor espiritual por las presiones de la juventud. Les ruego a los padres que den prioridad al desarrollo de la espiritualidad de sus hijos.

Dios usa padres para equipar a los hijos a oír la voz de Dios y seguirla. Estoy convencido que el tiempo quieto familiar es el mejor tiempo para que los padres nutran a sus hijos en los caminos de Dios y realmente prepararlos para la vida con Cristo.

Sin embargo no es suficiente compartir el tiempo devocional para que los hijos crezcan saludables y fieles. También es importante la amistad, los momentos divertidos y las actividades espontáneas. Patón escribió: "Puedes aprender más de una persona por jugar una hora consigo que por un año de conversación."[35]

También he comprobado que tomarse un día completo es esencial tanto para los padres como para toda la familia. Solidifica muchas cosas. Provee a la familia de la oportunidad de tener diversión, juntar fuerzas, enfrentar el día con un nuevo vigor. Ayuda a la familia a desarrollar y mantener fuertes relaciones interpersonales.

Creo que la meta más importante que tenemos para nuestros hijos es que amen al Señor con todo su corazón, alma y fuerza. Este es mi mayor deseo para mis hijos. Deseo asegurarme que paso la batuta de la fe Cristiana a ellos y que continúen siendo discípulos apasionados de Cristo.

SER REALISTA

Constantemente recuerdo que mis hijos son instrumentos de Dios para parecerme más a Jesús. Dios los usa en el proceso del discipulado. Michael Ferris, un educador y autor quien ha educado exitosamente a tres hijas escribió un libro llamado *What a Daughter Needs from Her Dad* (Lo que las hijas necesitan de su papá). Dice:

> Desde una temprana edad su hija sabe su ha tomado una decisión equivocada, saltó a una inapropiada opinión... Un padre que se rehúsa a admitir un error o que se niega a trabajar para cambiar una conducta pobre e inmadura termina cosechando desconfianza por parte de su hija.... Su fiabilidad se realza cuando está dispuesto a admitir el evidente hecho de haber cometido un error.[36]

Mi oración constante es que pueda admitir mis errores cuando mis hijos me los señalen. Es la mejor opción y brinda respeto. He actuado algunas veces con mucha inmadurez, explotando en ira, conduciéndome impaciente e insensiblemente.

He comprobado que es mucho mejor humillarme, disculparme y escuchar a mis hijos para entonces pedir a Dios que obre en mi interior. Dios desea moldearme por medio de estas situaciones.

UN AMBIENTE SEGURO

Cuando los padres viven armoniosamente los hijos se sienten amados y cuidados. Sabemos por experiencia que cuando nosotros estamos bien, nuestros hijos se sienten seguros. Cuando hago sentir a mi esposa especial, mis hijos me honran de una manera especial. Creo que el éxito en las relaciones entre esposos es la mitad de la victoria en la crianza de los hijos. Las relaciones entre esposos es el adhesivo para que las otras relaciones funcionen. Amar a su esposa es lo mejor que un padre puede hacer por sus hijos.

Un amigo cristiano quien recientemente sufrió un divorcio se acordó que su hijo le había preguntado durante los procedimientos para el divorcio: "¿Dónde está Dios en todo esto, Papá?" El hijo aún no se ha recobrado. El adhesivo del matrimonio, que se suponía ayudaría a crecer a este muchacho en su relación con Dios, se destruyó. Una razón por la que Dios odia el divorcio es porque los hijos sufren durante el proceso.

Y esta otra cosa hacéis: cubrís el altar del SEÑOR de lágrimas, llantos y gemidos, porque El ya no mira la ofrenda ni la acepta con agrado de vuestra mano. Y vosotros decís: "¿Por qué?" Porque el SEÑOR ha sido testigo entre tú y la mujer de tu juventud, contra la cual has obrado deslealmente, aunque ella es tu compañera y la mujer de tu pacto. Pero ninguno que tenga un remanente del Espíritu lo ha hecho así. ¿Y qué hizo éste mientras buscaba una descendencia de parte de Dios? Prestad atención, pues, a vuestro espíritu; no seas desleal con la mujer de tu juventud. Porque yo detesto el divorcio-- dice el SEÑOR, Dios de Israel--y al que cubre de iniquidad su vestidura--dice el SEÑOR de los ejércitos--. Prestad atención, pues, a vuestro espíritu y no seáis desleales. (Malaquías 2:13-16 NVI)

Dios busca hijos fieles donde padres pongan como prioridad su relación y sus hijos. Dios desea que los jóvenes vean la vida en comunidad vivida en la relación de sus padres. Cuando esto no ocurre, entonces surge la inseguridad. Muchas veces el rencor surge hacia los padres debido a una imprecisa desesperanza que el hijo siente acerca de su propia perspectiva de desarrollar una relación significativa con amigos o aún su esposa. Padres inconsistentes producen hijos inseguros.

El deseo de mi corazón es que como padres tomemos muy seriamente como primer prioridad nuestro círculo íntimo familiar.

AMIGOS

Para Jesús la amistad fue una prioridad capital. Disfrutaba yendo a la casa de María, Marta y Lázaro. Probablemente este era un lugar donde Jesús podía relajarse y sentirse como un ser humano normal.

Los discípulos de Cristo también eran sus amigos. Jesús tuvo una relación muy especial con Juan. Todos necesitamos un mejor amigo, uno con quien compartir los detalles íntimos de nuestras vidas. La Amistad fue algo importante para el apóstol Pablo también. Vean lo que dice en 2 Corintios 2:12-13 (NVI): "Ahora bien, cuando llegué a Troas para predicar el *evangelio de Cristo, descubrí que el Señor me había abierto las puertas. Aun así, me sentí intranquilo por no haber encontrado allí a mi hermano Tito, por lo cual me despedí de ellos y me fui a Macedonia." Aunque predicar el evangelio era muy importante para Pablo, vio a la amistad como algo esencial también.

Los autores de *Refrigerator Rights* (Derechos del refrigerador) sienten que demasiadas personas buscan en su cónyuge la satisfacción de sus necesidades emocionales ejerciendo así una tremenda tensión en el matrimonio. El cónyuge necesita amistad adicional fuera del matrimonio.

Recientemente estuve en Hong Kong dando un seminario. Luego di una recorrida a la ciudad con un grupo de Japón. Anduve con Doug, un misionero en Japón que se había casado con una japonesa. Hablamos acerca de su ministerio de entrenamiento global. Mientras conversábamos dijo: "Al hablar con líderes en Japón u otros países, el denominador común es la falta de amistad. Líderes muy ocupados muchas veces son muy solitarios. Tienen pocas personas con quienes confiar en tiempos de necesidad."

Ambos estuvimos de acuerdo que no es solamente un problema de liderazgo. Es un problema que todos confrontamos. En la cultura occidental especialmente consumimos la mayor parte de nuestro tiempo trabajando y no tomamos tiempo para la amistad.

Mi consejo es buscar uno o dos amigos sólidos del mismo sexo para hablar y compartir. Abra su corazón y agenda para tener tiempo con ellos, de compartir, divertirse y ser espontáneos.

La amistad no es una vía de una sola mano. Las personas que solamente desean hablar y no hacen preguntas o escuchan, no tienen buenos amigos. Kevin Strong es uno de mis mejores amigos. Kevin hace dos cosas muy bien. Primero, comparte lo que está ocurriendo en su vida. No se reserva nada. Comparte los temas tal como son. En segundo lugar, Kevin hace muy buenas preguntas. Practica el escuchar atentamente (i.e.: "entonces creo haberte escuchado que dijiste. . .") y luego hace más preguntas para ver si comprendió completamente.

Establezca contactos regulares con su(s) amigo(s). Diviértanse juntos. Jueguen deportes. Sean transparentes. Uno de los ingredientes claves para una verdadera Amistad es la transparencia. Dave es un gran amigo. Admiro la manera en que Dave mantiene amistades presentes y pasadas llamándoles, andando con ellos, y tomando tiempo para tener momentos de uno a uno. Y es muy transparente, además. Siempre está dispuesto a compartir sus luchas.

El cónyuge necesita amistad adicional fuera del matrimonio.

Todos estamos en un peregrinaje. Todos enfrentamos luchas emocionales, físicas y espirituales. Es muy bueno tener a alguien con quien poder compartir las luchas. Un amigo es alguien con quien compartimos nuestro peregrinaje en la vida. Dios desea ayudarle a desarrollar su círculo íntimo. Jesús dedicó su vida a doce y eso fue fructífero. Su círculo íntimo es así de importante. Le moldearán al tiempo que usted los forma. Finalmente se parecerá más a Jesús en ese proceso. Y eso es lo que define el discipulado.

6

LA PRÁCTICA DEL DISCIPULADO RELACIONAL EN UN CÍRCULO ORGÁNICO

Michael Sove me recogió en el aeropuerto de Baltimore-Maryland y luego condujo por dos horas hasta que llegamos a Salisbury. Cary, la esposa de Michael, también estaba en el automóvil. Durante el viaje, Cary se sintió en libertad para compartir su historia. "Vengo de haber pasado un terrible divorcio," dijo. "Mi previo esposo profesaba ser un fiel cristiano pero resultó ser un estafador y adicto a drogas. Se aprovechaba de personas como yo. Mientras estábamos en Israel, robó mi dinero para comprar drogas. Y luego me abandonó. Destrozó mis sueños de ser una misionera en Israel y sus acciones me causaron una intensa devastación interior y vergüenza."

Tanta era la vergüenza y herida por la situación que Cary no podía salir de su casa. Sus pensamientos solitarios y oscuros, impulsados por demonios, la arrinconaron en una muerte emocional. Pero el pasar tiempo en soledad no le ayudaba para nada. Sus aislados pensamientos antes que traerle confort la confundían y atormentaban. Cary necesitaba de otras personas para ayudarle a desatarse de la telaraña de confusión.

Alguien invite a Cary a un grupo pequeño. Allí sintió calor y amor y pudo compartir sus heridas, luchas y problemas. "No me juzgaron o trataron de corregirme. Me permitieron compartir. Me di cuenta que no estaba sola en mi lucha. Lentamente comencé a entender que posiblemente no era anormal."

Pero no era calidez humana o sicológica solamente lo que ayudó a Cary. Por supuesto que los hermanos y las hermanas en el grupo pequeño proveyeron mucho de ello. Pero el grupo pequeño se concentró en oración y la Palabra de Dios. La Palabra de Dios comenzó a hablar verdad en la vida de Cary y la guió por el camino recto. Larry Crabb dice:

> La comunidad sanadora no depende de que las personas hagan lo correcto o que sepan entiendan las dañinas fuerzas sicológicas que los causan problemas, y entonces traten de arreglar

lo que está mal. Una comunidad sanadora es aquella que cree que el evangelio provee perdón a todos los pecados, un futuro garantizado de una comunidad perfecta y eterna, y la libertad para disfrutar los deseos profundos de nuestros corazones ya que la ley de Dios está escrita en nuestro ser, tenemos un apetito por la santidad. Las comunidades sanan cuando se concentran en liberar los que es bueno.[37]

Vivimos en una nación de individualistas. Podemos hacer muchas cosas solos. Pero además nos necesitamos unos a otros. Somos parte del cuerpo de Cristo. Necesitamos a la iglesia.

La palabra griega para iglesia es *ekklesia*, y se refiere a la asamblea o reunión. *Ekklesia* infiere que no podemos experimentar la iglesia hasta no reunirnos—como el escritor a los Hebreos nos alienta a hacer. Llamo a ese capítulo "El Círculo Orgánico," porque la asamblea de Cristo o iglesia ha sido formada sobrenaturalmente por Cristo mismo. No es un círculo humano meramente, no es una asamblea humana. Cristo, la cabeza de la iglesia, entrelaza divinamente Su cuerpo relacional (Efesios 5:23). Como fuera mencionado en el capítulo anterior, necesitamos de un círculo íntimo formado por la familia y amigos, pero Dios nos ha creado para participar en un círculo orgánico, una *ekklesia*.

PEQUEÑO COMO PARA PODER CUIDARSE UNOS A OTROS

En el Nuevo Testamento, la ubicación de la iglesia era en los hogares. Dios usó del medio hogareño para madurar a los primeros discípulos relacionales. Las casas eran lo suficientemente pequeñas como para poder practicar las Escrituras que describen las relaciones de unos a otros para ministrarse entre sí.

Cuando Pablo escribió acerca de los creyentes sirviéndose unos a otros y esperándose durante la cena del Señor, tenía en mente un grupo pequeño. Cuando Pablo explicó la operación de los dones espirituales, tenía en mente el ambiente de una iglesia en una casa. Cuando clarificaba los papeles de los miembros en el cuerpo de Cristo, estaba en su mente la cálida atmósfera de la iglesia en las casas del primer siglo. John Mallison, un autor acerca de grupos pequeños, escribe: "Podemos afirmar con case certeza que cada mención de una iglesia o reunión local, sea para adoración o compañerismo, es en realidad una referencia a las reuniones de la iglesia en un hogar."[38]

La iglesia de los primeros siglos sacrificaron tanto su tiempo y como sus viviendas para vivir en comunidad. El Espíritu Santo bendijo ricamente aquellas comunidades, proveyendo un ejemplo para las próximas generaciones. Aunque muchas veces debieron enfrentar la persecución por proclamar abiertamente el evangelio, estas comunidades inspiradas por Dios brillaron poderosamente en sus vecindarios.

Dios nunca tuvo la intención de que los cristianos viviesen en aislamiento. El desea que cada creyente crezca en compañía con otros cristianos. Tristemente, muchos están acostumbrados a sentarse en la iglesia, escuchar un gran mensaje, pero nunca avanzar más allá de la etapa informativa.

El grupo pequeño, a diferencia de la gran celebración, conecta a las personas en reuniones de "cara a cara." Nadie puede ocultarse en la multitud, todos están en primera fila. Cada uno es un sacerdote que ministra a otro.

El ambiente íntimo del grupo pequeño ayuda a cada persona a vivir la vida cristiana, no solamente entenderla. La célula o micro-iglesia es el lugar donde una persona puede saborear una comunidad auténtica. Es un lugar donde encontrar el verdadero sentido de pertenecer. Las personas se sienten mejores seres humanos en un grupo pequeño. Cada individuo tiene nombre y propósito. Son un grupo de personas que se cuidan mutuamente. La vida toma un nuevo significado.

Las personas dan muchos nombres a los grupos celulares. En nuestra iglesia los llamamos *grupos de vida*. Otros los llaman *grupos de conexión* o grupos de corazón. Cualquiera sea el nombre que le dé al grupo relacional, es importante verlo como la misma iglesia, de igual manera que vemos a los servicios dominicales. Simplemente sirven a diferente propósito. El servicio de adoración general sirve para escuchar la predicación y alabar juntos en la iglesia local. La célula es más personal, es un tiempo para aplicar la palabra de

Dios a las vidas cotidianas. Putnam y Feldstein dicen: "Resumiendo, la unidad pequeña es mejor para forjar y sostener conexiones." [39]

LO QUE OCURRE EN UNA MICRO-IGLESIA

Muchas reuniones celulares—como las nuestras – incluyen cuatro palabras: Bienvenida, Adoración, Palabra, y Testimonio (u Obras). Todos estos elementos ayudan a la célula a desarrollar comunidad. Los rompehielos (durante la Bienvenida) tocan algunas áreas del pasado y, en ciertas ocasiones, por medio de un buen sentido de humor revelan algo acerca de la persona. La alabanza conduce a los miembros en la presencia del Dios viviente. Las lecciones de la célula (la Palabra) evitan la mentalidad impersonal y el show de una sola persona y demandan la participación y colaboración de todos. Finalmente, durante el tiempo en que se inspira a la acción (Testimonio u Obras) se requiere la actividad participativa de todo el grupo obrando juntos para ganar a los perdidos para Cristo.

Aunque pienso que las casas son el mejor lugar para reunirse, no son el único lugar. Grupos efectivos pueden reunirse en las universidades, parques, restaurantes, o lugares de trabajo. Personalmente prefiero los grupos pequeños en un ambiente familiar de un hogar, pero hay variedad de tipos de grupos, como: de hombres, de damas, jóvenes y de niños.

Para que las células mantengan su característica ministerial, deben permanecer pequeñas. Alguien dijo: "Las comunidades comienzan con tres y acaban con quince." Al mantenerse el grupo pequeño creamos un sentido de comunidad. En la intimidad de lo pequeño se hace más posible que las personas se abran confesando sus luchas creando así un clima de sanación (Santiago 5:16). Se hace muy difícil compartir en un grupo que haya crecido a más de quince participantes. La búsqueda de una comunidad debe impulsar a cada célula para desarrollar nuevos líderes a fin de eventualmente multiplicarse en nuevos grupos que abran nuevas oportunidades a más personas en necesidad.

Algunos líderes insisten en dedicar dos o tres horas para la reunión. Las personas entonces dejan el lugar a las apuradas debido a sus ocupaciones. Recomiendo firmemente que se limite la reunión celular a una hora y media para dar lugar a la espontaneidad durante el tiempo de convivencia. Es durante ese tiempo informal de convivencia cuando se da con mayor espontaneidad el evangelismo y la comunidad. No toda comunidad o ministerio ocurre solamente en la célula. Las células son el trampolín para que las relaciones de unos a otros tomen lugar en la vida cotidiana fuera de las reuniones.

En mi propia micro-iglesia, nos gusta dividirnos en sub-grupos también. Normalmente los hombres van a un cuarto y las damas a otro, asimismo los niños se reúnen en un cuarto separado. En estos sub-grupos se comparten nuevas y las profundas necesidades.

Muchas veces los hombres no van a compartir cosas en un grupo mixto.

Actividades de compañerismo fuera de las reuniones formales también ocurren con frecuencia. Ted necesitaba ayuda adicional porque luchaba con la pornografía. John tenía sus luchas personales específicas. Ted y John se pusieron de acuerdo para encontrarse todos los miércoles a las 6 de la mañana en una cafetería del barrio para compartir sus luchas, orar unos por otros y rendirse cuentas mutuamente.

Las células son el trampolín para que las relaciones de unos a otros tomen lugar en la vida cotidiana fuera de las reuniones.

LIBERTAD PARA COMPARTIR

Durante el viaje a Salisbury con Michael y Cary Sove, compartieron cómo Dios usaba la misma comunidad sanadora con otros. Mike compartió: "Jane se había entregado a Cristo. El mes pasado se sintió con la libertad de compartir cómo su hija había sido abusada sexualmente y las luchas internas que experimentaba. La transparencia de Jane cambió completamente la atmósfera del grupo. Las personas lloraban porque podían identificarse con su dolor y luchas."

La transparencia de Jane tuvo un efecto doble. Abrió la oportunidad para que otros compartieran sus heridas del pasado, pero asimismo trajo sanidad emocional a Jane. Durante el proceso de abrir su intimidad y compartir libremente de sí misma, ella recibió sanidad. Entonces Cary compartió un ejemplo negativo:

> Karen también recibió a Jesús en nuestra iglesia. Pero se negó a abrirse con las personas. Escogió andar sola. Cada domingo fue a la celebración de la iglesia pero no se abrió a la atmósfera del grupo pequeño. Notamos que las personas como Karen que vienen solamente a las reuniones generales conocen menos personas y no maduran espiritualmente.

Necesitamos estar dispuestos a abrir nuestras vidas y corazones para con quienes nos relacionamos. El grupo pequeño es un lugar perfecto para comenzar este proceso de intimidad. Santiago 5:16 dice: "Confesaos vuestras ofensas unos a otros, y orad unos por otros, para que seáis sanados..." Todos los creyentes son sacerdotes del Dios viviente y el tiempo de confesión normalmente ocurre cuando nos reunimos. Crabb dice: "Si nos vemos a nosotros claramente entonces podremos ver el corazón enredado del otro (Mateo 7:3-5). Al hacerlo debemos tener como meta reconectar las personas con el corazón de Dios por medio de nuestra exposición a sus tinieblas."[40]

¿Cuánto necesita ser compartido? Solamente aquello que la persona se siente en la confianza de hacerlo. Nada debe ser manipulado o forzado. Algunos problemas están reservados al nivel uno a uno.

APRENDER DE LOS METODISTAS

John Wesley organizó a los primeros metodistas en pequeños grupos a los cuales llamaba clases. La reunión de la clase no era un evento muy organizado. Normalmente duraba una hora y lo principal era "el informe de la condición de su alma."
La clase comenzaba con una canción de apertura. Luego el líder compartía una experiencia personal religiosa. Posteriormente preguntaba acerca de la vida espiritual de los demás en el grupo. Cada miembro daba un testimonio acerca de su condición espiritual. Era un tiempo para compartir el corazón. Thomas Hawkins escribe:

> John Wesley reconocía la conexión fundamental entre discipulado y comunidad. Muchos predicadores del avivamiento inglés participaban en la predicación en el campo. Sólo Wesley organizó a sus seguidores en pequeñas comunidades que proveían de herramientas para la práctica de la vida cristiana y una red de compañeros. Los primeros metodistas descubrieron que la rendición de cuentas

mutuas dentro de una comunidad edificaba con efectividad un discipulado consistente.⁴¹

La metodología de Juan Wesley seguía a la recomendación del apóstol Juan: "pero si andamos en luz, como él está en luz, tenemos comunión unos con otros, y la sangre de Jesucristo su Hijo nos limpia de todo pecado."(1 Juan 1:7). Es en la luz que podemos tener comunión unos con otros y que podemos andar ante el Dios viviente. M. Scott Peck reitera esta verdad:

> Si vamos a usar esta palabra [comunidad] con verdadero significado, debemos restringirlo a un grupo de individuos quienes han aprendido a comunicarse honestamente entre sí, cuyas relaciones superan las mascaras de compostura, y quienes han alcanzado un significante compromiso a "gozarse y lamentarse juntos," como asimismo "a deleitarse unos de otros y a apropiarse de las condiciones del otro como suyas." ⁴²

Dios muchas veces canaliza su acción sanadora por medio de otros. Debiéramos pedirle que nos ayude a recibir el consejo de otros. El plano horizontal es mejorado por el vertical. Jesús infunde gracia en cada persona que ministra a otros. La verdadera comunidad cristiana, ciertamente, solamente opera cuando la presencia de Cristo y el Espíritu de Dios están en la mezcla. Es la presencia de Jesús en el creyente que hace del compañerismo cristiano algo encantador. Con la presencia de Jesús en el grupo las personas pueden esperar que obre de manera que el ministerio mutuo pueda darse.

La micro-iglesia ha sido diseñada especialmente para quitar las capas de dolor y las agendas ocultas y para aplicar la inerrante Palabra de Dios a las necesidades reales. Pablo escribió a una micro-iglesia en una casa diciendo: "Pero estoy seguro de vosotros, hermanos míos, de que vosotros mismos estáis llenos de bondad, llenos de todo conocimiento, de tal manera que podéis amonestaros los unos a los otros." (Romanos 15:14).

La primera iglesia en las casa tenía el poder en cada uno de sus miembros para ministrarse mutuamente con efectividad. Estos no eran laicos impotentes e inútiles, dependientes de una fuente externa para el crecimiento espiritual, como un maestro, pastor o apóstol. Larry Crabb afirma esta verdad al decir:

> Las personas comunes tienen el poder de cambiar las vidas de los demás. . . ese poder se encuentra en la conexión, en el profundo encuentro cuando aquello verdadero en el alma de uno se encuentra con los huecos vacíos de otros para hallar algo allí, cuando la vida pasa de uno a otro. Cuando esto ocurre, el dador queda más lleno que antes y el receptor menos aterrorizado y eventualmente dispuesto, a

experimentar una conexión mutua aún más profunda. [43]

Generalmente nuestro orgullo levanta muros de perfección que ocultan las enormes necesidades y nos separan unos de otros. Me veo muchas veces tratando de impresionar a otros y así alejándoles de mis terribles necesidades. El Espíritu Santo gentilmente busca romper esas barreras mostrándome una mejor manera de ser. Al romperlas completamente, me puedo abrir con otros y no solamente recibo la sanidad sino que los demás se sienten más a gusto conmigo y más abiertos a compartir sus necesidades.

TODOS NECESITAN DE UNA FAMILIA

Hace muy poco tiempo he caminado por el centro comercial de Big Bear, en el estado de California, con el pastor Jeff Tunnell. El vive allí desde 1970. Me dio una lección de historia mientras caminamos. "Aquí es donde estuve cuando por primera vez escuché la voz de Jesús para dejar la droga y seguirle," compartió. "Aquel edificio fue nuestro primer local de reuniones de la iglesia." Luego llegamos al bar de Chad. "Este bar es iglesia para muchos en Big Bear. El camarero del bar es el pastor, el licor es su espíritu, y las personas se reúnen adentro en pequeños grupos."

¿Por qué las personas frecuentan bares? Porque allí se pueden reunir, hablar y no sentirse juzgados.

Las micro-iglesias tienen algo mucho mejor que las bebidas espirituosas. El Espíritu de Dios fluye en la reunión, abriendo los corazones y las mentes. Jesús desea que su pueblo se una en una familia espiritual. Centrado en la Palabra de Dios, el enfoque es tener un lugar donde compartir. El orden de la reunión no es tan importante como que Cristo esté en medio de ella y obrando por medio de cada persona. Todos hallan la plenitud que anhelan personalmente por medio de dar y recibir. Jesús no desea que acaparemos Su vida en nosotros mismos. La desea dar. Y mientras la damos experimentamos la vida real y la esperanza.

John es un buen ejemplo de este dar y recibir. Cuando finalmente decidió asistir a uno de nuestros grupos de vida de la iglesia, lo más difícil fue pasar por esa puerta la primera vez, pero sus temores no tenían fundamento. Se sintió muy a gusto, y el grupo no lo presionó para que hablase. La siguiente reunión fue aún más fácil y hasta hizo nuevos amigos. Para el primer mes, luego de escuchar a otros hablar con transparencia acerca de sus necesidades, se sintió cómodo como para compartir pedidos personales de oración. Ya hace un año que John se uniera al grupo celular. Su vida ha sido transformada. Su relación con su esposa Mary ha mejorado. Al ir en su automóvil cada mañana sabe que hay una comunidad celular donde puede compartir sus luchas. Más que nunca se da cuenta que necesita de otros creyentes para poder caminar en su vida cristiana.

LA CONEXIÓN ENTRE LO MICRO Y LO MACRO

La familia espiritual pequeña satisface las necesidades primarias. Al mismo tiempo, los grupos pequeños crecen saludablemente cuando se conectan en redes más grandes. Aún en la vida secular se afirman ambos formatos. Robert Putnam y Lewis Feldstein, en *Better Together* (Juntos mejor), escriben:

> Diseñe un estructura celular con grupos pequeños únalos entre sí para formar un grupo más grande que lo reúna a todos. Las posibilidades organizacionales que faciliten la "mezcla" y "conexión" entre los grupos pequeños pueden ganar provecho tanto de la intimidad como de la amplitud. Si el entrenamiento y la comunicación están diseñados para reunir a los líderes locales, la estructura celular además puede facilitar que las historias de éxito se distribuyan y agilicen el aprendizaje institucional.[44]

El libro de Hechos en el Nuevo Testamento narra la historia de la formación de la iglesia local. Leemos que los primeros cristianos Y perseveraban en la doctrina de los apóstoles, en la comunión unos con otros, en el partimiento del pan y en las oraciones... Y perseverando unánimes cada día en el templo, y partiendo el pan en las casas, comían juntos con alegría y sencillez de corazón," (Hechos 2:42, 46). Pablo escribe a los ancianos de Éfeso: "y cómo nada que fuese útil he rehuido de anunciaros y enseñaros, públicamente y por las casas," (Hechos 20:20). El apóstol Pablo continuó predicando y enseñando pública y privadamente. Tanto como se podía la iglesia primitiva se reunía para escuchar las enseñanzas del apóstol en conjunto. Pero al mismo tiempo se reunía en las casas.

Los escritores del Nuevo Testamento repetidamente se referían a la iglesia tanto como el grupo general en la ciudad como cada casa en particular. Cuando Pablo escribió 1 Corintios 1:2: "A la iglesia de Dios que está en Corinto" se refería a la totalidad de creyentes que vivían en la ciudad. Al mismo tiempo al final del libro, Pablo dice: "Aquila y Priscila, con la iglesia que está en su casa, os saludan mucho en el Señor." (1 Corintios 16:19). Durante los primeros trescientos años luego de la resurrección del Señor la iglesia del Nuevo Testamento existía primariamente como Iglesias en casas individuales. De ser posible las iglesias en las casas se congregaban juntas para celebrar un acontecimiento. Pero las reuniones normales eran en los hogares.

Sea que la iglesia se reúna en una casa o en una comunidad más grande, la verdadera iglesia consiste de quienes han puesto su fe en Cristo y viven bajo su Señorío. La iglesia es una familia e
spiritual de hermanos y hermanas que tienen un mismo Padre en los cielos. La iglesia es el medio que Dios usa para salvar, discipular y preparar obreros para continuar el proceso de alcanzar personas para Cristo.

La iglesia es el medio que Dios usa para salvar, discipular y preparar obreros para continuar el proceso de alcanzar personas para Cristo.

RENDICIÓN DE CUENTAS

En 1983 cuando inicié una iglesia en el centro de la ciudad de Long Beach, recuerdo haber encontrado personas con una filosofía anti-iglesia. Sostenían que la iglesia era algo innecesario, ya que tenían una relación personal con Dios.

Sentían que era suficiente leer sus Biblias en sus hogares y ser Iglesias ellos mismos. Recuerdo que trataba de argumentar con ellos acerca de cómo Dios había ordenado la iglesia y elevado como un cuerpo orgánico de creyentes que se reunía para alentarse unos a otros. Mis argumentos caían en oídos sordos.

Parte del proceso de llegar a ser discípulos relacionales es someterse a la autoridad dada por Dios. Los pastores y maestros son el método de Dios para moldear a los discípulos relacionales porque están para velar por los creyentes, ayudándoles a ser más como Jesús. Los líderes dados por Dios pueden ayudar a los creyentes a hallar su lugar en el cuerpo de Cristo, de manera que la iglesia pueda crecer y edificarse a sí misma en amor.

Cuando comenzamos nuestra iglesia en Moreno Valley, California en 2004, converse con una familia acerca de la necesidad de unirse a una iglesia local. En mi primera conversación con Vince, el esposo, no quise parecer legalista ni presionar demasiado pero finalmente dejé de darle comentarios difusos. En la siguiente mañana sentí muy claramente de parte del Señor recordándome las razones principales por qué cada creyente necesita comprometerse con la iglesia local.

Las Escrituras dicen en Hebreos 13:17: " Obedeced a vuestros pastores, y sujetaos a ellos; porque ellos velan por vuestras almas, como quienes han de dar cuenta; para que lo hagan con alegría, y no quejándose, porque esto no os es provechoso." Dios me recordó que me había ordenado en la iglesia local para "velar por las almas" de los creyentes. La iglesia local es el medio de Dios donde se da el cuidado por los creyentes local y para ayudarles a moldearlos en Cristo.

Cuando una persona se une a una iglesia local dice: "voy a recibir dirección espiritual del liderazgo de la iglesia local y además contribuiré allí mismo (i.e., ofrendando, usando los dones espirituales, etc.).

Le dije a Vince que si él y su familia toman la decisión de unirse a la iglesia local, no era una decisión eternal. Podía cambiarla luego. Pero si no lo iban a hacer en nuestra iglesia local, debía ir a otra iglesia y hacerlo.

Dios ha levantado pastores y maestros para ayudar a madurar al pueblo de Dios para una mejor obra y servicio. Estos pastores y maestros que Dios ha levantado están para ayudar a madurar a su cuerpo. Dios dice en Efesios 4: 11-12:

> Y él mismo constituyó a unos, apóstoles; a otros, profetas; a otros, evangelistas; a otros, pastores y maestros, a fin de perfeccionar a los santos para la obra del ministerio, para la edificación del cuerpo de Cristo,

Necesitamos de la iglesia de Cristo para crecer y desarrollarnos. Dios desea que rindamos cuentas a los líderes que El ha levantado.

Recientemente visité a un vecino cuya nuera había venido a nuestra iglesia. Nos invitó amablemente a su casa y nos mostró sus nuevos proyectos de reparaciones. Obviamente se sentía muy orgullosa por su nueva casa. Le preguntamos acerca de su involucramiento en la iglesia. Nos respondió que ella tenía a Cristo en su corazón y que solía asistir a una iglesia en el sur del país, pero que ya no sentía necesidad de asistir a una iglesia. "Después de todo no necesita asistir a una iglesia para ser un cristiano."

Me sentí muy agradecido por su amistad pero dolido por su perspectiva de la iglesia. También sabía que nunca alcanzaría madurez en un discipulado relacional permaneciendo aislada. Desesperadamente necesitaba al cuerpo de Cristo pero estaba cerrada a ello.

Tantos son como ella, habiéndose entregado a Cristo sin embargo nunca se desarrollan en un discipulado relacional. Jesús desea moldearnos por medio de su iglesia, el cuerpo orgánico que El ha edificado. Jesús no tiene un plan B. Jesús es el Señor de su iglesia y desea que seamos parte de ella. Y no se detiene allí. Jesús también planea alcanzar al mundo por medio de su cuerpo, que es la iglesia.

7

LA PRÁCTICA DEL DISCIPULADO RELACIONAL EN EL CÍRCULO DE LA MISIÓN

Cierto grupo del ministerio universitario Intervarsity buscaba vehementemente maneras para atraer a no creyentes. Los eventos sociales no estaban funcionando a pesar de todas las invitaciones y planeamiento. Finalmente uno de los obreros exasperados dijo: "Voy a traer a mi amigo no creyente a la reunión de oración esta noche." El líder se sintió preocupado por lo qu podría ocurrir. ¿Podría ser que el no creyente se sintiese desconectado con el grupo debido a la lectura de la Biblia, la adoración y las profundas reflexiones en la Palabra?

El no creyente vino a la reunión y disfrutó de cada momento. Se sintió entusiasmado al ver la adoración. Gustó de las profundas reflexiones. Saboreó la autenticidad y la encontró deliciosa.

Cuando reflexionaron acerca de lo que había ocurrido pudieron ver que los amigos no creyentes tienen deseos de Dios, de autenticidad y relaciones interpersonales. No gustaban de los programas enérgicos e impersonales. Buscaban la calidez, la pasión, y la verdad.

La iglesia de los primeros siglos creció por el fuego que Dios encendió en los primeros cristianos al practicar su vida cristiana. Hechos 2:43-47 (NVI) dice: Todos estaban asombrados por los muchos prodigios y señales que realizaban los apóstoles. Todos los creyentes estaban juntos y tenían todo en común: vendían sus propiedades y posesiones, y compartían sus bienes entre sí según la necesidad de cada uno... Y cada día el Señor añadía al grupo los que iban siendo salvos.

Las personas prestan mucha atención al experimentar el amor genuino y el servicio de la comunidad cristiana. Bryan Stone escribe: "La mejor práctica evangelística de una iglesia, por lo tanto, no es meramente estar en público sino ser un público alternativo, no estar meramente en la sociedad sino formar una nueva y diferente sociedad, una nueva existencia social sin precedentes."[45]

LECCIONES DE SAN PATRICIO DE IRLANDA

En 2007, fuimos a Irlanda con toda la familia. Nuestro apellido "Comiskey" es irlandés, por lo que estábamos entusiasmados por explorar el área. Para mí, la experiencia más cautivadora del viaje fue visitar donde San Patricio ministró y entender el impacto que este hombre tuvo sobre Irlanda. Yo ya había sido espiritualmente bendecido al leer y meditar en la vida y obra de San Patricio.

En el quinto siglo, cuando Patricio tenía catorce años había sido secuestrado por invasores irlandeses y llevado como esclavo a Irlanda donde vivió seis años antes de escapar y volver a su familia en Inglaterra. Dios salvó a Patricio y lo levantó hasta llegar a ser un obispo de la iglesia, luego lo llamó a volver a Irlanda como misionero. Su ministerio fue tan efectivo que no solamente la mayor parte de Irlanda se convirtió sino que envió misioneros por todo el mundo.

El modelo de Patricio para alcanzar a otros era fuertemente relacional, hospitalario y orientado a la vida en comunidad. Patricio y sus seguidores se trasladaban a un área pagano, se instalaban como un equipo y formaban parte de la comunidad. Trataban que la iglesia fuera accesible. Tomaban muy seriamente el pasaje del libro de Salmos que dice: "Gustad, y ved que es bueno Jehová; dichoso el hombre que confía en él." (Salmo 34:8). Patricio creía que la verdad debe ser gustada antes de aprendida.

Los habitantes se integraban naturalmente a la iglesia celta. Eran invitados a un peregrinaje de descubrimiento. Patricio y su equipo pensaban que las personas al experimentar la comunidad cristiana comenzarían el proceso de conversión. Creían que pertenecer precedía el creer. El y sus seguidores se especializaban en actividades de alcance comunitario, proveyendo de un espacio donde quien buscaba podía tener una experiencia con Dios y así con el tiempo participar en la vida de la iglesia.

> Creían que pertenecer precedía el creer.

San Patricio comenzó un movimiento y lo hizo desarrollando relaciones entre las personas y conectando su imaginación por medio del uso de símbolos que conocían (como el trébol para clarificar la Trinidad). Muchos comparan el ministerio de San Patricio con nuestra situación actual. De la misma manera que la civilización en los tiempos de San Patricio, las personas hoy en día están sedientas por relaciones interpersonales. Desean probar a Cristo en su medio y crecer en sus relaciones con Cristo.

Las Iglesias han dedicado incontables horas tratando de imaginar cómo conectar el "seguimiento" con el evangelismo. El problema es que el primer paso ha estado divorciado del segundo paso. El modelo relacional ofrecido por San Patricio y el de los primeros discípulos efectivamente reunía a las personas en comunidades permitiendo ver el cambio y la conversión en discípulos durante ese proceso. Richardson afirma: "Necesitamos un equipo para alcanzar a nuestras comunidades. Un equipo para hacerlo en el lugar de trabajo y para alcanzar a los amigos postmodernos. La gente postmoderna entiende la importancia de la comunidad."[46]

Los individuos que viven en medio de la sobrecarga de información pueden ocultar fácilmente la información del nuevo evangelio en una grieta y olvidarse de ello. La comunidad debe transformarles. El Dios Trino desea encontrar al perdido y que el solitario tenga una comunidad. Para que las personas hallen una comunidad debe haber una comunidad visible. La famosa oración de Cristo por la unidad de los creyentes fue asimismo un llamado para alcanzar al mundo no creyente. Jesús dijo:

> Mas no ruego solamente por éstos, sino también por los que han de creer en mí por la palabra de ellos, para que todos sean uno; como tú, oh Padre, en mí, y yo en ti, que también ellos sean uno en nosotros; para que el mundo crea que tú me enviaste. La gloria que me diste, yo les he dado, para que sean uno, así como nosotros somos uno. Yo en ellos, y tú en mí, para que sean perfectos en unidad, para que el mundo conozca que tú me enviaste, y que los has amado a ellos como también a mí me has amado. (Juan 17: 20-23).

El Dios Trino desea encontrar al perdido y que el solitario tenga una comunidad.

El mundo reconocería la obra sobrenatural de Dios y creería en ella por medio de la unidad demostrada por los discípulos entre sí. Así reconocerían que solamente Dios podía realizar tal obra y creerían en su existencia. Francis Schaeffer señala:

> La gente está buscando que nosotros produzcamos algo que paralice al mundo: humanos que traten a otros como humanos también. La iglesia debiera ser capaz de practicarlo porque sabemos quiénes somos y sabemos quiénes son ellos: primeramente, hombres hechos a la imagen de Dios, y luego hermanos en la iglesia y una comunidad cristiana creada sobre la sangre derramada del Señor Jesucristo. [47]

ALCANZAR A OTROS EN GRUPO

De adolescente solía ir a pescar todos los años a Ensenada, en México. Mi familia acampaba en Estero Beach, y yo buscaba mi lugar predilecto sobre una roca cerca de la entrada. Me acuerdo cuando tiraba mi línea con dos anzuelos y recogía dos percas de buen tamaño. Luego cocinábamos los pescados, sentados alrededor del fuego y comíamos una deliciosa cena. Nunca voy a olvidarme de esos días.

Una cosa que nunca hice fue pescar con redes. Solamente fui a pescar por diversión y la pesca con redes parece ser un negocio serio. Los discípulos de Jesús eran pescadores profesionales. Pescaban como medio de vida y las redes eran su herramienta. Marcos dice:

> Andando junto al mar de Galilea, vio a Simón y a Andrés su hermano, que echaban la red en el mar; porque eran pescadores. Y les dijo Jesús: Venid en pos de mí, y haré que seáis pescadores de hombres. Y dejando luego sus redes, le siguieron. Pasando de allí un poco más adelante, vio a Jacobo hijo de Zebedeo, y a Juan su hermano, también ellos en la barca, que remendaban las redes. Y luego los llamó; y dejando a su padre Zebedeo en la barca con los jornaleros, le siguieron. (Marcos 1:16-20).

Cuando los discípulos echaban las redes lo hacía en grupo. Cuando Jesús les dijo que iba a convertirlos en pescadores de hombres, estaba pensando en la pesca en grupo. Jesús nunca envió a los discípulos solos. Deseaba que sus discípulos practicaran el evangelio frente a los demás de manera que cuando los no creyentes vieran sus vidas cambiadas creyesen en El.

El evangelismo grupal quita la presión de una sola persona. El grupo opera mejor juntos. Pablo dice en 1 Corintios 14: 23 y siguientes,

Si, pues, toda la iglesia se reúne en un solo lugar, y todos hablan en lenguas, y entran indoctos o incrédulos, ¿no dirán que estáis locos? Pero si todos profetizan, y entra algún incrédulo o indocto, por todos es convencido, por todos es juzgado; lo oculto de su corazón se hace manifiesto; y así, postrándose sobre el rostro, adorará a Dios, declarando que verdaderamente Dios está entre vosotros.

Cuando la Escritura dice "si todos profetizan," para describir la participación de todos. Pablo está escribiendo a una iglesia en una casa, en la cual todos están involucrados. La palabra *"profecía"* en este pasaje se refiere a la ministración o el compartir la Palabra de Dios con la persona no creyente que entra en la casa.

Cuando el no creyente entra al cuarto donde se encuentran los seguidores de Cristo, la profecía comienza a fluir naturalmente en la medida que los individuos creyentes gustosamente desean ministrar a las necesidades del visitante no creyente.

Lo mismo ocurre hoy. Los grupos celulares cobran vida cuando los no creyentes asisten. Entonces los miembros ejercen sus dones de una manera nueva y refrescante.

UN COMPARTIR TRANSPARENTE

El evangelismo en el grupo pequeño se da compartiendo naturalmente. Los no cristianos pueden hacer preguntas, compartir sus dudas, y hablar acerca de su propio peregrinaje espiritual. Esta manera abierta de compartir brinda a los no creyentes un nuevo sentido de esperanza pues ven que los cristianos también tienen debilidades y luchas. Más que una explicación del "evangelio," éste es visto y palpado en la vida del grupo pequeño. Me gusta el consejo que Richard Peace, profesor en el Fuller Theological Seminary, da en su libro *Small Group Evangelism* (Evangelismo del grupo pequeño):

> En un exitoso grupo pequeño, el amor, la aceptación y el compañerismo fluyen de manera inusual. Esta es la situación ideal para escuchar acerca del Reino de Dios. En este contexto, los hechos del evangelio surgen no como proposiciones frías sino como verdades vivientes visibles en las vidas de los otros. En tal ambiente una persona es atraída irresistiblemente a Cristo por medio de su presencia graciosa.[48]

Los no creyentes son atraídos a Jesús en la medida en que cada miembro va revelando cómo Cristo ha obrado cambios en sus vidas. Cuanto más expongamos a Cristo en nosotros al no creyente, mejor. Una persona entrará en comunidad donde el amor y la aceptación sea la norma. Richardson dice:

> Hoy las personas buscan una comunidad a la cual pertenecer antes de creer en el mensaje. El evangelismo trata de ayudar a la gente a perteneces de manera que puedan creer. Muchas personas hoy no "deciden" creer. En medio de la comunidad "descubren" que creen y luego lo afirman públicamente y siguen a Cristo intencionalmente. Las personas están buscando un lugar seguro y aceptador para desarrollar su identidad y sentido de sí mismos en comunidad. [49]

La aceptación, el amor y el compartir transparente revelan a los no cristianos que los creyentes no son perfectos, pero que han sido perdonados. Una de las tácticas primeras de Satanás es la decepción legalista, tratando de convencer a las personas que Dios requiere niveles de aceptación inalcanzables y que solamente las "buenas personas" pueden entrar en el cielo. El evangelismo en el grupo pequeño puede corregir estos conceptos equivocados.

DESARROLLAR RELACIONES INTERPERSONALES

Para que el evangelismo grupal pueda funcionar, cada miembro del grupo debe desarrollar relaciones personales con los no creyentes. Jesús demostró la importancia de las relaciones interpersonales. No solamente que desarrolló relaciones duraderas y profundas con los doce discípulos, sino que constantemente se relacionaba con quienes le rodeaban. Habló con la mujer samaritana al lado del pozo y con tierna gracia le señaló su verdadera necesidad. Jesús se dio la libertad de salir de su rutina si había alguien que necesitaba ayuda.

La iglesia primitiva siguió el ejemplo de Cristo imitándole en su vida con quienes les rodeaban. El primer lugar para el testimonio de la iglesia temprana fue en las casas. La palabra griega para casa es *oikos*. En aquellos días una casa, u *oikos*, incluía más que la familia inmediata. Las relaciones del *oikos* abarcaban a miembros de la familia, esclavos, amigos y compañeros de trabajo.

Las relaciones *oikos* de hoy deben comprender asimismo la familia, los amigos, los compañeros de trabajo y cualquiera con quien usted dedique a relacionarse por más de una hora semanal.

Si carece de una amplia red *oikos*, siempre hay maneras de expandirla. Frecuentemente las relaciones con los no cristianos se desarrollan en otro contexto. Por ejemplo, si está involucrado en la escena social, se gana el derecho de compartir nombres. Algunas maneras de edificar relaciones son: entrenar un equipo deportivo, ir al estilista o peluquería, unirse a un grupo de voluntarios de su comunidad, o a un grupo de interés especial, entre otras. Asimismo, otras maneras de ampliar su base de amigos es relacionarse con sus colegas de trabajo o profesión, o con los asociados de su club de deportes, o de entretenimientos.

Las comunidades desean ofrecerse como voluntarios para programas de acción social, sea en los jardines de infantes, grupos de autoayuda, servir a los necesitados, o en algún otro programa de ayuda. En todas las comunidades hay oportunidades donde compartir el amor y los valores cristianos de una manera positiva. Al unirse a una asociación de padres, vigilancia del barrio, o comités barriales usted abre su red de relaciones.

Hemos estado relacionándonos con nuestros vecinos desde que volvimos del Ecuador en el 2001. Les invitamos a cenar, les preguntamos por motivos de oración, o les llevamos algo que hayamos horneado para las fiestas. De esa manera nos conectamos con ellos.

Cuando le invitamos a nuestros vecinos de la puerta de al lado para que se uniera a nuestro grupo en nuestra casa, el esposo nos dijo: "No podemos los martes por la noche, pero a nuestra hija menor le encantaría si pudieras bautizarla." Le dije: "Sería un gozo increíble para mí. Me gustaría que ella junto con ustedes tomasen el entrenamiento en preparación para el bautismo." Y así comencé a dar a la familia entera el entrenamiento de la iglesia (vea el apéndice).

La primera lección trataba el conocer a Dios y cada uno de ellos terminó la lección orando para recibir a Cristo. Luego continuamos por todo el libro de una manera distendida y en el ambiente relacional de su propio hogar. Tuve el privilegio de bautizar a la hija y continuamos juntos por todo el proceso de equipamiento.

Hacer amigos no necesita ser una tarea monumental. Puede ser parte de una rutina natural en la vida. El discípulo relacional siempre pide al Espíritu Santo que abra las puertas para desarrollar relaciones interpersonales. Por su parte abre su vida para hallar maneras cuando compartir las buenas nuevas de Jesús.

PENSAMIENTOS FINALES

Recibí al Señor Jesucristo en la era del movimiento de Jesús. Me acuerdo que asistía a Calvary Chapel (Capilla Calvario) en los tempranos días de ese movimiento. Llenábamos las furgonetas con personas, íbamos a Calvario, escuchábamos la Palabra de Dios, compartíamos luego con personas y volvíamos juntos. Es verdad que la enseñanza bíblica era maravillosa, pero más que nada, el toque de vida con vida y la interacción entre hermanos y hermanas es lo que me ayudaron a crecer en la fe.

Dios usa a las personas para formarnos y moldearnos. Estando en la cárcel, Pablo llama a Timoteo su "querido hijo," para que le visitase en la prisión en esos últimos días de su vida. Anhelaba tenerlo cerca. Pablo no se había olvidado de las lágrimas derramadas por Timoteo cuando se separaron la última vez (2 Timoteo 1:4). Al acordarse de la congregación en Tesalónica, Pablo ora "día y noche" para ver sus rostros (1 Tesalonicense 3:10). El anciano Juan siente que su gozo no será complete hasta no volver a compartir cara a cara con su gente antes que meramente escribirles (2 Juan 12).

Es muy fácil perder la perspectiva apropiada de la vida al vivir en aislamiento. No tenemos una voz objetiva que nos llame al balance en nuestros pensamientos. Nuestras perspectivas personales se nublan y las cosas parecen volverse peores (o mejores) de lo que en realidad son.

Dios está en el proceso de transformarnos en discípulos relacionales. El mundo trata de conformarnos al patrón del individualismo, pero Dios desea transformarnos de acuerdo a su propia naturaleza. Y de la misma manera en que El vive en perfecta armonía, nos llama a vivir de la misma manera. La buena noticia es que el Dios trino vive en nosotros y es poderoso para moldearnos en discípulos relacionales. Deseo desafiarle a resistir el conformismo a esta cultura de individualismo extremo. Pídale a Dios que lo transforme en un discípulo relacional comenzando con quienes tiene más cerca. En la medida que desarrollemos relaciones profundas e íntimas con quienes conocemos mejor, podemos entonces expandirnos a otros y finalmente alcanzar al mundo perdido para Jesucristo.

Apéndice

ENTRENAR A LAS PERSONAS PARA SER DISCÍPULOS RELACIONALES

Para preparar discípulos relacionales recomiendo que mueva a las personas paso a paso por medio de un proceso. En mi libro *Leadership Explosion* (Explosión de Liderazgo), describo diferentes procesos de entrenamiento que las Iglesias pueden usar. He desarrollado mi propio proceso de entrenamiento que toma a una persona desde el punto de su conversión llevándola al punto de poder facilitar un grupo pequeño o ser parte de un equipo de liderazgo. Cada libro en mi serie de entrenamiento contiene ocho lecciones. Cada lección tiene actividades interactivas que ayudan al alumno a reflexionar en la lección de una manera personal y práctica.

El alumno debe participar de un grupo pequeño para poder experimentar la comunidad mientras aprende acerca de ella.

Comienzo con un libro de verdades bíblicas básicas llamado *Vive*. Este libro cubre doctrinas cristianas claves, incluyendo el bautismo y la Cena del Señor.

El próximo libro es *Encuentro*, el cual guía al creyente a recibir libertad de ataduras del pecado. Este libro puede ser usado en un formato de uno-a-uno o en grupo.

Luego el alumno usa *Crece*, para aprender la práctica spiritual del devocional diario. Este libro le da instrucciones detalladas para tener un tiempo a solas con Dios de manera que el creyente puede alimentarse a sí mismo.

Luego la persona estudia *Comparte*, que le ayuda a aprender cómo evangelizar. Le instruye a saber comunicar el mensaje del evangelio en una manera personal y atractiva. Este libro contiene dos capítulos acerca del evangelismo en grupo.

El quinto libro es *Dirige*. Este libro prepara a la persona a lanzar una célula o ser parte del equipo de liderazgo.

El alumno ejercita sus músculos espirituales participando en una célula mientras complete los cinco libros. Tengo otros dos libros *Coach (Asesora)* y *Discover (Descubre)* que son parte del nivel avanzado de entrenamiento. El libro *Discover (Descubre)* se concentra en cómo un líder de célula puede descubrir sus propios dones espirituales y ayudar a otros en el grupo a hacer lo mismo. *Coach (Asesora)* ayuda al líder del grupo pequeño a entrenar a otro que está liderando un grupo. Algunas personas creen que la única manera de entrenar a otros es con el método uno-a-uno. Otros están en desacuerdo y entrenan a los nuevos creyentes en grupos. No se enrede con las metodologías de entrenamiento (dónde y cuándo entrenar) concéntrese en el proceso.

Hay gran variedad de metodologías para implementar el entrenamiento en el discipulado (i.e.: discipulado uno-a-uno, luego del grupo, durante una clase de Escuela Dominical, seminarios, retiros, o una combinación de todos estos). Muchos enseñan las series de entrenamiento durante la hora de la clase de Escuela Dominical, que está conectada al servicio de adoración. Pero quiero sugerir que quienes no pueden asistir durante ese tiempo, tengan la libertad de recibir el mismo entrenamiento antes de comenzar la célula, luego de terminar, durante un día complete de entrenamiento, o en cualquier otra opción para poder completar el entrenamiento.

RECURSOS DE JOEL COMISKEY

Los libros previos en español de Joel Comiskey cubren los siguientes temas:
- Dirigiendo un grupo celular (*Cómo dirigir un grupo celular con éxito*, 2001)
- Cómo multiplicar el grupo celular (*La explosión de los grupos celulares en los hogares*, 1998)
- Cómo prepararse espiritualmente para el ministerio celular (*Una cita con el Rey*, 2002)
- Cómo organizar en forma práctica su sistema de células (*Recoged la cosecha*, 2001, 2011)
- Cómo entrenar futuros líderes de células (*La explosión de la iglesia celular*, 2004)
- Cómo dar mentoría/cuidar de líderes celulares (*Cómo ser un excelente asesor de grupos celulares*, 2003; *Grupos de doce*, 2000; *De doce a tres*, 2002)
- Principios de la segunda iglesia más grande del mundo (*Elim*, 2004).
- Cómo funciona una iglesia celula en Norteamérica (*La Iglesia que se multiplica*, 2007)
- Cómo plantar una iglesia (*Plantando iglesias que se reproducen*, 2010)
- Cinco libros de capacitación (*Vive, Encuentro, Crece, Comparte, Dirige*, 2011)

Se puede conseguir todos los libros listados de
"Joel Comiskey Group" llamando al
1-888-511-9995
por hacer un pedido por Internet en
www.joelcomiskeygroup.com
info@joelcomiskeygroup.com

Como dirigir un grupo celular con éxito:
para que las personas quieran regresar

¿Anhela la gente regresar a vuestras reuniones de grupo cada semana? ¿Os divertís y experimentáis gozo durante vuestras reuniones? ¿Participan todos en la discusión y el ministerio? Tú puedes dirigir una buena reunión de célula, una que transforma vidas y es dinámica. La mayoría no se da cuenta que puede crear un ambiente lleno del Señor porque no sabe cómo. Aquí se comparte el secreto. Esta guía te mostrará cómo:

- Prepararte espiritualmente para escuchar a Dios durante la reunión
- Estructurar la reunión para que fluya
- Animar a las personas en el grupo a participar y compartir abiertamente sus vidas
- Compartir tu vida con otros del grupo
- Crear preguntas estimulantes
- Escuchar eficazmente para descubrir lo que pasa en la vida de otros
- Animar y edificar a los demás miembros del grupo
- Abrir el grupo para recibir a los no-cristianos
- Tomar en cuenta los detalles que crean un ambiente acogedor.

Al poner en práctica estas ideas, probadas a través del tiempo, vuestras reuniones de grupo llegarán a ser lo más importante de la semana para los miembros. Van a regresar a casa queriendo más y van a regresar cada semana trayendo a personas nuevas con ellos. 140 páginas.

La explosión de los grupos celulares en los hogares; *Cómo su grupo pequeño puede crecer y multiplicarse*

Este libro cristaliza las conclusiones del autor en unas 18 áreas de investigación, basadas en un cuestionario meticuloso que dio a líderes de iglesias celulares en ocho países alrededor del mundo—lugares que él personalmente visitó para la investigación. Las notas detalladas al fin del libro ofrecen al estudiante del crecimiento de la iglesia celular una rica mina a seguir explorando. Lo atractivo de este libro es que no sólo resume los resultados de su encuesta en una forma muy convincente sino que sigue analizando, en capítulos separados, muchos de los resultados de una manera práctica. Se espera que un líder de célula en una iglesia, una persona haciendo sus prácticas o un miembro de célula, al completar la lectura de este libro fácil de leer, ponga sus prioridades/valores muy claros y listos para seguirlos. Si eres pastor o líder de un grupo pequeño, ¡deberías devorar este libro! Te animará y te dará pasos prácticos y sencillos para guiar un grupo pequeño en su vida y crecimiento dinámicos. 175 páginas.

Una cita con el Rey:
Ideas para arrancar tu vida devocional

Con agendas llenas y largas listas de cosas por hacer, muchas veces la gente pone en espera la meta más importante de la vida: construir una relación íntima con Dios. Muchas veces los creyentes quieren seguir esta meta pero no saben cómo hacerlo. Se sienten frustrados o culpables cuando sus esfuerzos para tener un tiempo devocional personal parecen vacíos y sin fruto. Con un estilo amable y una manera de escribir que da ánimo, Joel Comiskey guía a los lectores sobre cómo tener una cita diaria con el Rey y convertirlo en un tiempo emocionante que tienes ganas de cumplir. Primero, con instrucciones paso-a-paso de cómo pasar tiempo con Dios e ideas prácticas para experimentarlo con más plenitud, este libro contesta la pregunta, "¿Dónde debo comenzar?". Segundo, destaca los beneficios de pasar tiempo con Dios, incluyendo el gozo, la victoria sobre el pecado y la dirección espiritual. El libro ayudará a los cristianos a hacer la conexión con los recursos de Dios en forma diaria para que, aún en medio de muchos quehaceres, puedan caminar con él en intimidad y abundancia. 175 páginas.

Recoged la cosecha;
Como el sistema de grupos pequeños puede hacer crecer su iglesia

¿Habéis tratado de tener grupos pequeños y habéis encontrado una barrera? ¿Os habéis preguntado por qué vuestros grupos no producen el fruto prometido? ¿Estáis tratando de hacer que vuestros grupos pequeños sean más efectivos? El Dr. Joel Comiskey, pastor y especialista de iglesias celulares, estudió las iglesias celulares más exitosas del mundo para determinar por qué crecen. La clave: han adoptado principios específicos. En cambio, iglesias que no adoptan estos principios tienen problemas con sus grupos y por eso no crecen. Iglesias celulares tienen éxito no porque tengan grupos pequeños sino porque los apoyan. En este libro descubriréis cómo trabajan estos sistemas. 246 páginas.

La Explosión de la Iglesia Celular: Cómo Estructurar la Iglesia en Células Eficaces (Editorial Clie, 2004)

Este libro se encuentra sólo en español y contiene la investigación de Joel Comiskey de ocho de las iglesias celulares más grandes del mundo, cinco de las cuales están en Latinoamérica. Detalla cómo hacer la transición de una iglesia tradicional a la estructura de una iglesia celular y muchas otras perspicacias, incluyendo cómo mantener la historia de una iglesia celular, cómo organizar vuestra iglesia para que sea una iglesia de oración, los principios más importantes de la iglesia celular, y cómo levantar un ejército de líderes celulares. 236 páginas.

Grupos de doce; *Una manera nueva de movilizar a los líderes y multiplicar los grupos en tu iglesia*

Este libro aclara la confusión del modelo de Grupos de 12. Joel estudió a profundidad la iglesia Misión Carismática Internacional de Bogotá, Colombia y otras iglesias G12 para extraer los principios sencillos que G12 tiene para ofrecer a vuestras iglesias. Este libro también contrasta el modelo G12 con el clásico 5x5 y muestra lo que podéis hacer con este nuevo modelo de ministerio. A través de la investigación en el terreno, el estudio de casos internacionales y la experiencia práctica, Joel Comiskey traza los principios del G12 que vuestra iglesia puede ocupar hoy. 182 páginas.

De doce a tres: *Cómo aplicar los principios G12 a tu iglesia*

El concepto de Grupos de 12 comenzó en Bogotá, Colombia, pero ahora se ha extendido por todo el mundo. Joel Comiskey ha pasado años investigando la estructura G12 y los principios que la sostienen. Este libro se enfoca en la aplicación de los principios en vez de la adopción del modelo entero. Traza los principios y provee una aplicación modificada que Joel llama G12.3. Esta propuesta presenta un modelo que se puede adaptar a diferentes contextos de la iglesia.

La sección final ilustra como implementar el G12.3 en diferentes tipos de iglesias, incluyendo plantaciones de iglesias, iglesias pequeñas, iglesias grandes e iglesias que ya tienen células. 178 paginas.

Explosión de liderazgo; *Multiplicando líderes de células para recoger la cosecha*

Algunos han dicho que grupos celulares son semilleros de líderes. Sin embargo, a veces, aún los mejores grupos celulares tienen escasez de líderes. Esta escasez impide el crecimiento y no se recoge mucho de la cosecha. Joel Comiskey ha descubierto por qué algunas iglesias son mejores que otras en levantar nuevos líderes celulares. Estas iglesias hacen más que orar y esperar nuevos líderes. Tienen una estrategia intencional, un plan para equipar rápidamente a cuantos nuevos líderes les sea posible. En este libro descubriréis los principios basados de estos modelos para que podáis aplicarlos. 202 páginas.

Elim; *Cómo los grupos celulares de Elim penetraron una ciudad entera para Jesús*

Este libro describe como la Iglesia Elim en San Salvador creció de un grupo pequeño a 116.000 personas en 10.000 grupos celulares. Comiskey toma los principios de Elim y los aplica a iglesias en Norteamérica y en todo el mundo. 158 páginas.

Cómo ser un excelente asesor de grupos celulares; Perspicacia práctica para apoyar y dar mentoría a lideres de grupos celulares

La investigación ha comprobado que el factor que más contribuye al éxito de una célula es la calidad de mentoría que se provee a los líderes de grupos celulares. Muchos sirven como entrenadores, pero no entienden plenamente qué deben hacer en este trabajo. Joel Comiskey ha identificado siete hábitos de los grandes mentores de grupos celulares. Éstos incluyen: Animando al líder del grupo celular, Cuidando de los aspectos múltiples de la vida del líder, Desarrollando el líder de célula en varios aspectos del liderazgo, Discerniendo estrategias con el líder celular para crear un plan, Desafiando el líder celular a crecer.
En la sección uno, se traza las perspicacias prácticas de cómo desarrollar estos siete hábitos. La sección dos detalla cómo pulir las destrezas del mentor con instrucciones para diagnosticar los problemas de un grupo celular. Este libro te preparará para ser un buen mentor de grupos celulares, uno que asesora, apoya y guía a líderes de grupos celulares hacia un gran ministerio. 139 páginas.

Cinco libros de capacitación

Los cinco libros de capacitación son diseñados a entrenar a un creyente desde su conversión hasta poder liderar su propia célula. Cada uno de estos cinco libros contiene ocho lecciones. Cada lección tiene actividades interactivas que ayuda al creyente reflexionar sobre la lección de una manera personal y práctica.

Vive comienza el entrenamiento con las doctrinas básicas de la fe, incluyendo el baptismo y la santa cena.

Encuentro guíe un creyente a recibir libertad de hábitos pecaminosos. Puede usar este libro uno por un o en un grupo.

Crece explica cómo tener diariamente un tiempo devocional, para conocer a Cristo más íntimamente y crecer en madurez.

Comparte ofrece una visión práctica para ayudar a un creyente comunicar el evangelio con los que no son cristianos. Este libro tiene dos capítulos sobre evangelización a través de la celula.

Dirige prepare a un cristiano a facilitar una célula efectiva. Este libro será bueno para los que forman parte de un equipo de liderazgo en una célula.

NOTAS

1. Robert N. Bellah, et al., *Habits of the Heart* (Berkley: University of California Press, 1996), p. 37.
2. Ibid.
3. George Gallup Jr., *The People's Religion* (New York: MacMillan, 1989), citado en Andy Stanley and Bill Willits, *Creating Community* (Sister, Oregon: Multnomah Publishers, 2004), p. 22.
4. M. Scott Peck, *The Different Drummer* (New York: Simon & Schuster, 1987), p. 58.
5. George Barna citado en Julie Gorman, *Community That Is Christian* (Wheaton: Victor Books, 1993), p. 81.
6. John L. Locke, *The De-Voicing of Society* (New York: Simon & Schuster, 1998), p. 132.
7. Robert D. Putman, *Bowling Alone* (New York: Simon & Schuster, 2000), p. 223.
8. Putnam cree que el 50% del deterioro social es generacional. Pero, que el otro 50% de aislamiento proviene de la dedicación excesiva a los medios masivos (25%), los suburbios (10%), y el conducir solo al trabajo (15%). Ibid., p. 284.
9. Ibid., p. 204.

10. Ibid., p. 222.
11. Ibid., p. 245.
12. Jeanne Sather, "TV: How Many Hours Will Your Kids Watch Today?" Accedido el domingo 23 de junio del 2002 en http://encarta.msn.com/parents/features/toomuchTV.asp.
13. Ibid., p. 224.
14. C. Kirk Hadaway, Francis M. DuBose, and Stuart A. Wright, *Home Cell Groups and House Churches* (Nashville: Broadman Press, 1987), p. 211.
15. Mark Galli, "Is the Gay Marriage Debate Over?" Christianity Today (July 2009), p. 33.
16. Philip D. Kenneson and James L. Street, *Selling Out the Church: The Dangers of Church Marketing* (Nashville: Abingdon Press, 1997), p. 15.
17. Ibid., p. 16.
18. Citado de Randy Frazee, *The Connecting Church* (Grand Rapids: Zondervan, 2001), p. 13.
19. E. Moltmann-Wendel and J. Moltmann, *Humanity in God* (New York: Pilgrim, 1983), p. 97, cita en Gorman, op. cit., p. 26.
20. *An Appointment with the King* (Moreno Valley: CCS Publishing, 2002, 2011). Puede ser adquirido en mi librería en línea: http://store.joelcomiskeygroup.com/allbobyjoco.html
21. Dietrich Bonhoeffer, *Life Together* (New York: Harper & Row, 1954), . 20.
22. Mike Mason, *The Practice of the Presence of People* (Colorado Springs: Waterbrook Press, 1999), pp. 187-188.
23. Dan G. Blazer, "The Depression Epidemic," Christianity Today (March 2009), p. 27.
24. Mason, op. cit., pp. 192.
25. Ibid., pp. 162-63.
26. Bonhoeffer, op. cit., p. 111.
27. Ibid., p. 118.
28. Larry Crabb, *Connecting* (Nashville: Word Publishing, 1997), p. 47.
29. Mason, op. cit., p. 154.

30. Edward Stewart, *American Cultural Patterns: A Cross-Cultural Perspective* (Chicago: Intercultural Press, Inc., 1972), p. 36.
31. Mason, op. cit., p. 154.
32. David Augsburger, *Caring Enough to Confront* (Ventura: Regal Books, 1981), pp. 9-10.
33. Crabb, op. cit., p. 46.
34. Galli, op. cit., p. 33.
35. Mason, op. cit., p. 106.
36. Michael Farris, *What a Daughter Needs from Her Dad* (Minneapolis: Bethany House, 2004), p. 26.
37. rabb, op.cit., p. 38.
38. John Mallison, *Growing Christians in Small Groups* (London: Scripture Union, 1989), p. 5.
39. Robert Putnam and Lewis Feldstein, *Better Together* (New York: Simon & Schuster, 2003), p. 277.
40. Crabb, op. cit., p. 20.
41. Thomas Hawkins, *Cultivating Christian Community* (Nashville: Discipleship Resources, 2001), p. 29.
42. Peck, op. cit., p. 59.
43. Crabb, op. cit., p. 31.
44. Putnam and Feldstein, op. cit., p. 279.
45. Bryan Stone, *Evangelism after Christendom,* (Grand Rapids: Brazos Press, 2007), p. 16.
46. Rich Richardson, *Evangelism Outside the Box* (Downers Grove: InterVarsity Press, 2000), p. 65.
47. Francis Schaeffer, *The Church at the End of the Twentieth Century* (Wheaton: Crossway Books, 1994), p. 71.
48. Richard Peace, *Small Group Evangelism* (Pasadena: Fuller Press, 1996), p.36.
49. Richardson, Ibid., p. 100.

ÍNDICE

A

Adoración 124
afectuosos 60
Afganistán 50
Alexis de Tocqueville 25, 169
Amigos 8, 116
anonimidad en la iglesia 7, 14
anti-iglesia 135
Augsberger, David 88, 170

B

Better Together 133, 166
Biblia 2, 16, 19, 35, 40, 41, 50, 62, 68, 74, 82, 89, 92, 139
Bienvenida 124
Blazer, Dan 57, 170
Boren, Scott 12, 173

C

Campbell, Rob 12, 173
Capacitación divina 8, 82
cara a cara 20, 123, 152
célula 123, 124, 125, 156, 157, 160, 163
círculo de la misión 9, 139
círculo íntimo 8, 101, 103, 104, 105, 106, 107, 116, 118, 121
círculo orgánico 8, 119, 121
compartir 4, 8, 9, 64, 65, 76, 89, 109, 111, 112, 116, 117, 118, 119, 120, 125, 126, 127, 128, 131, 132, 146, 147, 148, 150, 151, 152, 160
compartir transparente 9, 147, 148
comunidad 3, 5, 7, 20, 28,

32, 35, 37, 39, 40, 41,
43, 45, 46, 47, 48, 50,
64, 82, 84, 94, 104,
115, 120, 121, 122,
123, 124, 125, 126,
128, 129, 132, 134,
140, 141, 142, 143,
144, 148, 150, 156
confianza   8, 31, 59, 95, 96, 128
confrontar   8, 84, 86, 88
cónyuge   8, 89, 104, 106, 116, 117
Cordle, Steve   12, 173
Corintios   41, 54, 68, 72, 75, 81, 116, 134, 145
Crabb, Larry   40, 67, 94, 120, 130, 167, 172
Credo de Atanasio   42
Calvary Chapel   151, 169
Celyce   12, 62, 106
cultura occidental   3, 13, 18, 20, 24, 70, 102, 117

D

Deuteronomio   42
discípulo de Cristo   56, 89

E

Ecuador   18, 30, 89, 150, 170
Efesios   58, 63, 68, 89, 121, 137
ekklesia   121, 170
Escuela Dominical   110, 112, 157
Espíritu   3, 5, 20, 35, 40, 41, 42, 43, 44, 45, 46, 47, 48, 53, 69, 71, 80, 82,
84, 94, 115, 122, 129, 131, 132, 151
Estados Unidos   4, 14, 25, 72
estilo del Maestro   7

F

Familia   8, 109
Faraón   90, 91
Feldstein, Lewis   133, 166, 172
Ferris, Michael   113
Filipenses   51, 54, 66
Fuller Theological Seminary   3, 147

G

Gálatas   71, 73, 79, 80
Galli, Mark   35, 102, 167, 172
Gallup, George   27, 165
Gareth Hogg   12, 171
Génesis   40, 90, 91
Gotta Serve Somebody   23
grupos de conexión   123
grupos de vida   123, 132

H

Hadaway, Kirk   34, 167, 172
Hawkins, Thomas   128, 166, 173
Hebreos   42, 57, 58, 121, 136
Hechos   17, 42, 133, 134, 140
Holt, Rae   12
Hope Alliance   91, 171
Huckleberry Finn   24

I

iglesia 4, 5, 7, 8, 13, 14, 15, 17, 20, 29, 30, 34, 35, 36, 37, 42, 43, 49, 50, 54, 55, 56, 60, 61, 62, 63, 64, 65, 67, 68, 69, 73, 74, 75, 79, 81, 83, 85, 86, 91, 95, 101, 102, 103, 107, 108, 121, 122, 123, 124, 125, 127, 130, 131, 132, 133, 134, 135, 136, 137, 138, 140, 141, 142, 144, 146, 149, 151, 159, 160, 161, 162
iglesia local 103, 123, 133, 136
iglesias personalizadas 13
individualismo 3, 4, 5, 7, 13, 14, 17, 19, 20, 23, 24, 25, 27, 28, 47, 57, 152, 153
Interdependencia 8
Irlanda 9, 140, 141

J

Jim Carrey 52
Joel Comiskey 1, 2, 3, 5, 9, 87, 105, 159, 161, 162, 163, 171, 173
Joel Comiskey Group 87, 159, 171
Juan 24, 43, 44, 45, 52, 59, 69, 76, 77, 103, 116, 129, 143, 145, 152

K

Kenneson, Philip 36, 173

L

Latinoamericana 18
Leadership Explosion 155, 172
Lewis, CS 81
Lindsay, Buddy 31, 169
Llanero Solitario 24
Long Beach 32, 92, 135
Lucas 16, 17, 24, 62, 71

M

macro 8, 133
Madoff, Bernard 77, 169
Mallison, John 122, 166, 171
Marcos 17, 24, 52, 53, 91, 145
Mary 12, 50, 132, 171, 172
Mason, Mike 55, 59, 63, 86, 167, 172
Mateo 24, 44, 55, 92, 97, 127
matrimonio 93, 101, 106, 107, 108, 114, 116, 117
Maxwell, John 103, 171
McLemore, Brian 11, 169
"metamorfosis" 40
metodistas 8, 128
México 144
micro 8, 103, 123, 124, 125, 130, 132, 133, 172
micro-iglesia 8, 123, 124, 125, 130
Miller, Will 30, 174
Moisés 24

Moltmann, Jürgen 44, 171
Moreno Valley, California 75, 136
mundo occidental 7, 14, 24, 25

N

No huya 8, 84
Norteamérica 18, 19, 20, 28, 30, 31, 159, 162
Nuevo Testamento 17, 37, 44, 46, 74, 76, 122, 133, 134

O

oikodomeo 56, 172
oikos 149, 172
Olson, David 15, 170
Osborn, Susan 12, 173
"oyentes" 15

P

Palabra 15, 19, 61, 62, 110, 112, 120, 124, 130, 132, 139, 146, 151
Peace, Richard 147, 166, 173
Peck, M. Scott 27, 129, 165
Pensamientos finales 9, 151
perdonado 8, 67, 68, 96, 97, 98
Perdonar 8, 89, 97
peregrinaje 4, 7, 18, 61, 64, 118, 141, 147
Prioridades 8, 105
profecía 71, 75, 146
Putman, Robert 29

Putnam 30, 33, 124, 133, 165, 166, 173

R

Real Academia Española 58
Recursos 9, 159
Refrigerator Rights 31, 116, 173
Reith, John y Mary 12
relaciones interpersonales 9, 17, 29, 30, 37, 40, 64, 69, 94, 111, 113, 140, 142, 149, 151
Richardson 142, 148, 166, 173
Romanos 25, 40, 56, 60, 62, 68, 71, 73, 81, 130

S

San Patricio 9, 140, 141, 142
Schaeffer, Francis 144, 166, 171
Sensi-frontación 88
Shi, David 71, 170
Spark, Glenn 30, 171
Stanwood, Jay 12, 171
sub-grupos 125
Sudamérica 30

T

Tesalonicenses 58, 69
Testimonio 124
The American Church in Crisis 15
Timoteo 66, 79, 152
Trinidad 7, 39, 40, 41, 42,

43, 44, 45, 46, 47, 50, 67, 142
Tunnell, Jeff   131, 171

U

unos a otros   3, 8, 20, 41, 45, 46, 48, 49, 50, 51, 52, 54, 55, 56, 57, 58, 60, 61, 62, 63, 64, 67, 70, 71, 72, 73, 74, 76, 79, 80, 81, 82, 104, 121, 122, 125, 126, 127, 135

V

Vigilancia   8, 76

W

Wesley, John   128, 171
White, Anne   11, 169

www.ingramcontent.com/pod-product-compliance
Lightning Source LLC
Chambersburg PA
CBHW070447050426
42451CB00015B/3382